价值趋势投资理念是作者在A股市场投资的重大创举。是短期内能让资金翻倍的唯一投资理念。是投资者在A股市场的指南针，又一投资神话。

CHINESE
CHARACTERISTICS
INVESTORS WITH

中国特色投资者

价值趋势投资理念创始人　黄忠林　著

SPM
南方出版传媒
广东经济出版社
·广州·

图书在版编目（CIP）数据

中国特色投资者/ 黄忠林著．—广州：广东经济出版社，2016.10
ISBN 978-7-5454-4869-6

Ⅰ．①中… Ⅱ．①黄… Ⅲ．①投资－基本知识Ⅳ．①F830.59

中国版本图书馆CIP数据核字（2016）第232392号

出 版 人：姚丹林
责任编辑：高文彪
责任技编：谢 莹
装帧设计：李康道

出版发行	广东经济出版社（广州市环市东路水荫路11号11～12楼）
经销	全国新华书店
印刷	广州市岭美彩印有限公司 （广州市芳村区花地大道南海南工商贸易区A幢）
开本	730毫米×1020毫米 1/16
印张	16 2插页
字数	202 000字
版次	2016年10月第1版
印次	2016年10月第1次
印数	1～6 000
书号	ISBN 978-7-5454-4869-6
定价	49.00元

如发现印装质量问题，影响阅读，请与承印厂联系调换。
发行部地址：广州市环市东路水荫路11号11楼
电话：（020）38306055 37601950 邮政编码：510075
邮购地址：广州市环市东路水荫路11号11楼
电话：（020）37601980 营销网址：**http://www.gebook.com**
广东经济出版社新浪官方微博：**http://e.weibo.com/gebook**
广东经济出版社常年法律顾问：何剑桥律师

资本市场不同情弱者，金融家的眼力在于发现强者或者未来的强者，并给予支持与帮助，而强者是需要有勇气和自信，自信来源于资本，这里的资本可以是财富，也可以是渊博的知识和丰富的经验。

黄忠林

前言

本书作者阐述了两大投资亮点：**①使财富快速增长的价值趋势投资理念；②股票与股指期货组合投资法**。价值篇偏向基本面，重点讲到当今互联网+时代如何选牛股，从 IT（Information Technology）到 DT（Data Technology）这场产业革命下如何做投资。如何评估公司股票价值，政策对资本市场的影响。趋势篇则重于技术分析，揭露了庄家拉升股票的各大手法，如何捕捉涨停板，短线投资快速获利的方法，如何在牛市逃顶在熊市抄底，利用价值趋势捕捉长线大牛股，以及炒作新股短线暴利的秘诀，股指期货操盘策略。投资故事篇讲述了一个个发生在笔者身边真实的故事，以铜为镜可以正衣冠，以人为镜可以明得失，这对投资者来说具有更重要的借鉴意义。

书中通过本人真实交割单，有图有据有真相，理论和实践结合为一体，对案例做了详细的讲解。笔者的操盘风格是不看任何指标和软件，主要看盘核心是成交量和 K 线图。只讲经历不讲故事，只讲未来不讲过去，因为任何一只股票无论过去涨势多么辉煌，没有持有也不能产生利润，只有去发掘未来能持续上涨的股票才能创造利润。

本书以价值趋势投资理念为主导，基本面和技术面相结合，从选股、资金进场，投资组合管理、止损止盈、持股到卖出一系列完整的投资体系。

书中自有黄金屋，书中自有颜如玉。同样K线图里也聚集着投资者各种传奇人生，这里不但有洋房、有别墅、有豪车，充满诱惑的华丽生活，也有人在这里一夜之间从富豪到平民，甚至瞬间由天堂堕入地狱……

同样是投资因方法和理念不同就有了不一样的结果，据权威机构历史调查数据统计，市场中80%的投资者亏损，12%盈亏持平，唯有8%的投资者盈利。这一结论在笔者长期与投资者交流中也得到了进一步证实，既然风险如此之高，而获利微乎其微，市场到底有何魅力如此吸引投资者往这万丈深渊里跳呢？致使投资者亏损累累的罪魁祸首又是什么呢？笔者认为最根本的原因就是错误的投资理念与方法，另一重要原因就是完全不懂市场盲目性投资，掉进主力精心设计的陷阱；对行业发展规律太不熟悉，对上市公司的经营情况了解太少。

“股神”沃伦·巴菲特（Warren Buffett 1930.8.30–）说过：“一个成功的投资者一定来自成功的企业家，但一个成功的企业家不一定就是一个成功的投资者”。投资者应具备对上市公司的经营管理、财务状况以及发展前景有一定的分析能力。也就是说要想在股市里赚到钱，一定要具备对上市公司的分析能力。脑白金产品公司CEO史玉柱先生2012年持股民生银行成功获利近一倍，是因为史玉柱本来就是个成功的企业家，又是该银行的大股东，对该银行的经营情况非常了解。具有“股神”称号的巴菲特先生是因为他大学时期学的是财务管理和企业管理专业，并且自己拥有一家世界著名的保险和多元化投资集团公司（伯克希尔公司）。投资行业的成功人士都有一个共同特点，那就是有着经营企业的实战经验。

如何才能在跌宕起伏的股市投资成功呢？本书《中国特色投资者》笔者

把美国华尔街上百年来成熟的投资理念，结合中国本土资本市场的特色、在实战中创造出自己独特的投资体系——“价值趋势投资理念”和“量价时空逃顶抄底跟庄交易法”；并拥有自己的核心技术——价值趋势估值法。这套投资体系应用到 A 股市场，取得丰厚的回报，帮助许多投资者实现了财富的梦想。

笔者运用这套投资理念在 2015 年 5 月份坚决离场，成功躲过了 6 ~ 7 月发生的股灾。在 2010 年 11 月 11 日上证指数 3186 高点带着身边的股民朋友们成功逃顶，而且在接下来的三年大熊市中也做到持续盈利。2011 年 4 月 8 日上证指数单边下跌以来的熊市中，依然捕捉到一些强势股，比如三爱富（600636）、维科精华（600152）、美欣达（002034）等翻倍大牛股。并在

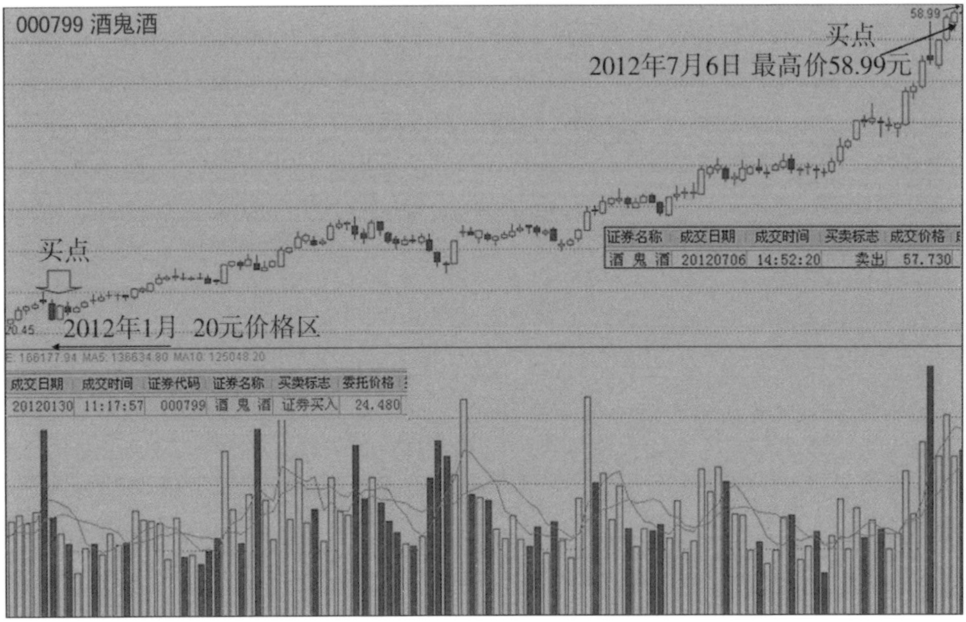

图 1 酒鬼酒（000799） 日线图

2012 年 1 月以每股 22 元买入酒鬼酒（000799），在 2012 年 7 月 6 日以每股 50 多元分批卖出，持股 4 个月期间获利 1.4 倍之多，见图 1。

同年 2 月份以每股价格 13 元中长线持有长城汽车（601633），截至 2013 年 9 月份股价逛涨 4 倍，同期持有的欧菲光（002456）、云南白药（000538）等股价均上涨几倍。短线投资品种中有 2012 年 4 月行情的浙江东方（600120）、同年 8 月份的宝莫股份（002476）、12 月份的联创节能（300343）等短期飙升大牛股。

2013 年苏宁云商（002024）、外高桥（600648）、奋达科技（002681）等，运用价值趋势投资理念也同样可以捕获长线超级大牛股。笔者以 2009 年 7 月以每股 19.8 元买入古井贡酒（000596），截至 2011 年 8 月 12 日最高价

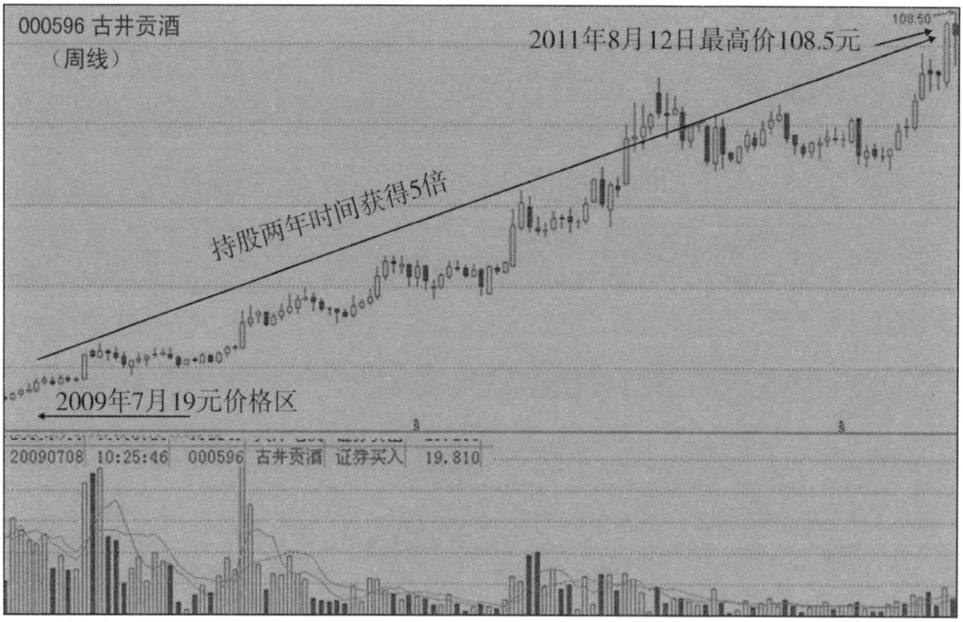

图 2　古井贡酒（000596）　周线图

达 108.5 元，持股两年时间获利 5 倍（见图 2），2014—2015 年收益更高。具体如何才能找到类似这些中长线的超级大牛股呢？笔者会在后面章节里详细讲解。

一部著作的经典不在于描述了多少方法，而是在于书中的理念，只要投资理念对了你的投资才能成功。本书中笔者把如何向国际大师们学习，如何树立正确的投资理念放在首位，目的是纠正长期亏损的投资者错误的投资理念，以及把刚入市的投资者引导到正道上来。

本书并没有华丽的言词和深奥的数学难题，而是采用通俗易懂、简单实用的方法，教大家如何在行情将要上涨时把钞票转化为股票；也就是投资者常说的抄底，这里的底并不是最低的价格，而是底部价格区域，最合适的时机，当股价上涨到高位卖出股票，也就是投资者常说的逃顶，低位买进高位卖出从中获利出局。

当读者朋友们看到笔者书中所举诸多成功案例时，相信会提出两个问题：

问题 1：既然你的投资理念和方法如此成功，自己赚钱就好了为何还要出书赚这点稿费呢？

答：首先本书标价只是工本费，出版目的不是为了赚钱。笔者在入市之初也曾得到过前辈们的帮助和指导；感恩他人回馈社会，送人玫瑰手有余香，在帮助别人成功的同时自己会更加成功，对自己的投资理念会更加牢固。当然的确也有只顾自己赚钱不愿意分享方法的人，笔者认为这是一种狭隘思想，我们应弘扬人间真善美，传递正能量！另外，金融家的眼力在于发现强者或者未来的强者，并给予支持与帮助。笔者也希望通过本书的学习与交流，结识更多有资金实力的金融家，共创造财富神话。

问题 2：为什么书中所举的都是成功例子，没有失败的交易吗？

答：因为笔者具备完善的风险控制和资金管理系统，把亏损控制在很小的范围内，与获利相比不值得一提，这也正是本书重点内容，投资成功必修之课。

美国苹果公司创始人史蒂夫·乔布斯（Steve Jobs 1955—2011 年）曾说：“活着就为改变世界”。笔者并没有改变世界的能力，但通过本人创导的价值趋势投资理念，可以帮助投资者改变亏损的命运。希望读者朋友们通过借鉴书中投资理念，做到规避投资风险，享受快乐的财富人生！远离被套与解套的苦闷生涯！如能反复熟读此书数遍，熟练运用书中的方法，也许就能实现投资者心中的“股神梦”，相当于找到了一份一生永不下岗的工作，家里栽了一棵“摇钱树”。

笔者申明：本书中所讲的个股只作案例解盘分析，解读本人投资理念之用，并非推荐读者去买入，不做任何投资建议，固然不构成推荐。如有读者盲目买入由此带来的风险，作者并不承担任何责任！

目录

【价值篇】

【趋势篇】

【股指期货篇】

【投资故事篇】

进入股市必备的条件

不是所有人都适合投资股市，更不可能所有投资者都能做到投资成功。要做到投资成功首先要明确所具备的条件，投资股市的三元化定律：**投资者**、**市场**和**上市公司**（**Investor**、**Market**、**Company**），**简称**“**IMC**”。

投资成功三元化定律所对应的内容：

（1）具有专项资金，具有经营公司的阅历。

（2）读懂市场，把握市场的本质，正确看待市场波动。

（3）学会评估公司股票价值，掌握最基本的看盘技术。

（1）具有专项资金、具有经营公司的阅历，是对投资者自身社会阅历的要求。对于普通投资者来说进入市场前需要有稳定的生活开支，先核实家庭财务预算，投资股市的资金应为专项资金；用来周转的货款或者其他硬性开支、短期内存放资金等都不能用来投资股市，因为一旦因市场波动导致你所持股票大跌，投资款被套其中就无法脱身，长此以往将影响投资者的情绪。

另外，要衡量下自己所能承受最大的风险，不能因行情短期波动给自身日常生活带来影响，对于机构投资者来说，更应做好投资品种的搭配，所持股票的抗风险能力，仓位控制等。投资A股市场不能单看技术图形，更重要的是学习评估公司的股票价值，这一点具有经营企业，或者说有创业经验的投资者更具有优势。即使没有经营公司的经验，也必须具备一定的会计知识和财务分析能力。

（2）读懂市场，把握市场的本质，正确的看待市场波动。市场看似复杂但其实很简单，任何一个市场都有它的规律，投资者必须要了解所参与市场的本质，读懂市场才投资。至于如何才能正确地看待市场波动，其一，取决于投资者的持股心态和心理素质，投资者本身的专业水平，对投资标的未来股价运行方向的判断力。其二，还须经得住市场的诱惑，因为每天都有牛股出现，如果所持仓个股短期内表现一般，获利心切的投资者很容易把仓位中的股票卖出，去追高买入狂热的妖股，这种行为往往会有高位套牢的风险，只有做到这两点才能正确看待市场的波动。股神巴菲特说：“一个投资者必须具备良好的公司分析能力，同时又必须把他的思想和行为、同在市场中肆虐的极易传染的情绪隔绝开来，才有可能取得成功。”如今生活在信息全球化时代，同样一个信息对于不同的投资者解读不一样，有人看多，有人看空，只有对市场波动正确的态度和看法才是取得成功的前提。

西方投资大师给我们提出了很多正确看待市场波动成功的经验：巴菲特与彼得·林奇的（Peter Lynch）基本原则：要逆向投资而不是跟随市场。也就是说当整个市场过热时，我们应卖出手中股票，当绝大多数投资者对市场冷淡时，我们应大胆买进股票。这就是巴菲特名言中说的：“别人恐惧我贪婪，别人贪婪我恐惧”的投资法则。同时两位大师对投资者警告：“股市永远无法准确地预测”。所以投资者只有把握市场本质，才能经得起市场的波动。

（3）学会评估公司股票的内在价值，掌握最基本的看盘技术。无论是投资实体生意还是买卖股票，都应对投资标的物进行价值估算，在买入一只股票之前，首先要对这家公司股票的内在价值进行评估，确定其内在价值后，再与市场价格进行对比，是否有足够的安全空间，然后才能根据技术图形找买卖点。

掌握最基本的看盘技术，是对投资者短线进场与离场的要求。但又不能仅凭技术图形来做入市依据，大多数投资者只是根据单一K线技术形态追涨的方式买卖股票，这种获利只是一种概率事件，并不是每一次都能成功，因为短期技术图形会跟随市场的波动走出假象。只有买入价格大幅度低于所对应的“内在价值”的个股才能稳定盈利，这就是格雷厄姆当初教巴菲特的安全边际理论。如果买入一家公司的股票价格严重泡沫，即使该公司经营有多么的优秀，你也别想在这样的股票上挣到一分钱。

以上三点就是投资成功三元化定律对应的内容，投资者本身应具备的条件、进入股市之前应做的功课，读懂市场和对上市公司的分析能力，投资者每次下单前都应沉思片刻，这些功课都做好了吗？至于如何评估公司股票的内在价值，后面章节会进一步讲解。

普通投资者成为千万富翁秘诀

（一）复利是投资成功的神秘武器

所谓的复利也称利上加利，是指一笔存款或投资获得回报后，连本带利进行再次投资。复利的计算是对本金及其产生的利息一并计算，这就是利上加利。以一个最普通投资者按原始本金 20 万元，年收益 30% 来计算；30% 的年收益率看似普通，但奇迹就这样发生（详见下表）。

从表中可以看出这笔原始本金三年后获利 120%，第 5 年获利近三倍，到第 10 年这笔原始投资盈利比例是 1279%，20 年后，当初的 20 万元本金复利达 2923.84 万元。对于年龄在 30 岁左右的年轻人，基本上都拥有 20 万元积蓄。如果能保持每年 30% 的稳定获利，那么这笔本金复利投资 16 年过后获利高达上千万元。请问，有几个人能用20万元本金靠炒房子做到千万资产？如果在一线城市拿来 20 万去买房子只能买个阳台差不多。这就是复利投资的威力所在，有人堪称“复利是世界上第八大奇迹，其威力甚至超过原子弹”，也有人称之为“复利是人类最伟大的发明”，还有人称“复利是宇宙最强大的力量”。

再按原始本金 10 万元来计算，那么 15 年后投资回报近 400 万元。很多

年份	金额（万元）	累计收益率
1	20.00	30%
2	26.00	69%
3	33.80	120%
4	43.94	186%
5	57.12	271%
6	74.26	383%
7	96.54	527%
8	125.50	716%
9	163.15	960%
10	212.09	1279%
11	275.72	1554%
12	358.43	1885%
13	465.96	2282%
14	605.75	2759%
15	787.48	3330%
16	1023.72	4016%
17	1330.83	4840%
18	1730.08	5828%
19	2249.11	7013%
20	2923.84	8436%

年轻人为了面子花 10 多万元买台车，15 年后这台车报废了，只能当废铁卖个几十元钱。同样是这 10 万元本金，投资渠道不一样，产生的回报就不一样，这 400 多万元在市区就可买一套房子了。而大多数年轻人辛苦工作 10 多年后，遇上好的工作单位还可以支付个首付，运气差点照样租房。当然，想要投资成功必须先学好知识，学习也同样需要投资，是选择投资大脑还是面子，就得看个人的选择，选择不一样财富就不一样。

实现这一目标就是每年必须做 30% 的持续盈利，换句话来说每年得找到涨幅 30% 的股票。这一点并不难做到，上证指数每年都有一波涨幅不错的行情，很多个股涨幅都超过 30%，只要用笔者的价值趋势投资理念去选股是完全可以做到。另外一种复利叫**短线复利**，一年中交易多次，波段操作，力争每次交易都成功。如果下单后出现股价运行方向与预期相反，就必须止损，将损失降到最低。这种复利的威力更大，但需要有一定经验的投资者才能做到。笔者是利用本人所创的量价时空逃顶抄底法来完成，后面的章节里会进一步介绍这种短线获利秘诀。

“时间复利”是复利的关键。华尔街投资大师的成功所在都是借助这种复利模式；从上表 1 可以看出，投资时间越长，获利就越大。1989 年巴菲特将伯克希尔公司 25% 的资金投入可口可乐公司股票，一直持有至今，该项投资从最初 10 亿美元增值到现在 80 多亿美元，23 年期间获利 8 倍之多。国情不一样市场环境也不一样，目前中国 A 股市场中能持续增长 23 年的股票相当少，这就需要我们灵活运用，但能持续 5 年左右，年增长率达 30% 的个股就有相当一部分，如果我们没有耐心持股 20 年，想要 5 年内达到一定投资回报，可以加大投资本金的方法，下面再以一个 200 万元人民币投资额举例，投资周期和不同收利益率对照表：（见下表）

年收益率（%）	10	20	30
持股 3 年	242 万元	288 万元	338 万元
持股 5 年	292.82 万元	414.72 万元	571.22 万元
持股 10 年	471.59 万元	1031.96 万元	2120.09 万元

上表中分别列出了投入相同的本金，持有不同年收益率的个股获利比较，持股时间越长，收入就越大。股神巴菲特所做的股票正是那些在最长时间获得年复利 30% 左右回报的个股，所以他在伯克希尔的 41 年期间，做到了平均年复利 23.8% 的回报率来增加公司的净值。在 A 股市场上如何才能找到持续增长 5 年的个股，在后面的章节会重点介绍。

（二）选对股票长期持有是复利的关键

上面谈到复利的重点是时间复利，也就是以时间换取价值空间，但前提在**选对股票，在价值趋势形成的**情况下才可以这么做。如果买在下降趋势，持股时间越长亏损就越大。当股票价格大幅度低于其内在价值时，也就是价值显现的时候，大部分资金买入并长期持有，持股时间越长才能获利越丰厚。只有这样才能叫时间复利。如下图的天士力（3600535），该股在 2008 年最底价为 9.47 元，截止到 2013 年 5 月 3 日最高价飙升至 80.55 元，成为上涨 10 倍超级大牛股。这当然是根据价值趋势投资理念选择的个股才能做到，并不是说随便买一只股票长期持有，时间越长就能实现时间复利。

如果没有对个股基本面进行充分调研过，对该股的价值与价格进行评估对比，只凭感觉去买只股票就长期持有，那么持股时间越长，也许亏损就越大。比方说中国石油（601857），2007 年 11 月 5 日上市开盘价为 48.6 元，到 2012 年 10 月股价除权配股后一路下跌到 8.47 元。如你在 2007 年持有该股 5 年来不但没盈利一分钱，反而亏损惨重。其根本原因就是该股上市时价格严重高估，未来几十年的利润被提前透支了，买入这种公司的股票能长期持有吗？类似这样的例子太多，中国石化、中国神华等。

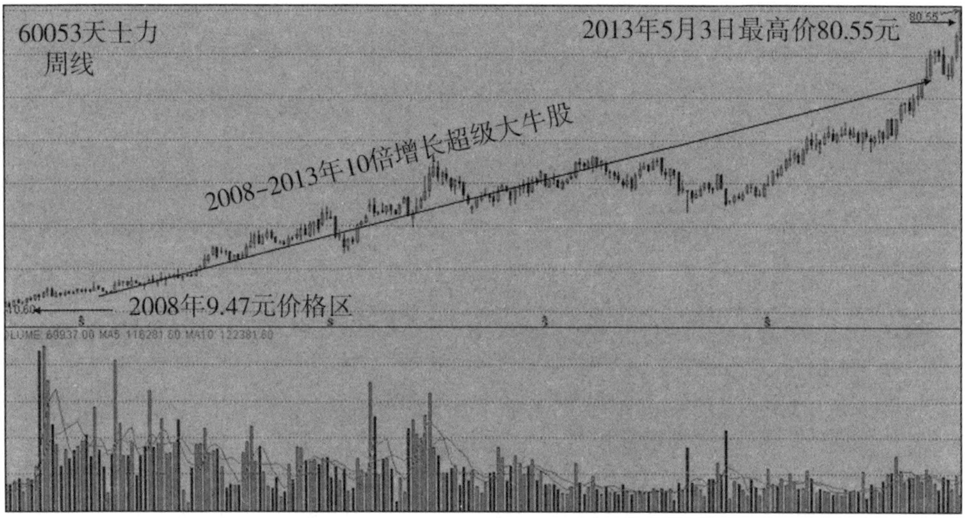

天士力（600535） 周线图

（三）长线投资的妙处

长线投资者的收益率，远超于那些频繁交易的短线投资者。对于小股民来说，频繁的交易需付出更多交易成本，比如手续费、印花税等。交易佣金如按现在国家标准万分之八来计算，一个投资者 10 万元本金交易一次就得支付 80 元手续费。这意味着换手一次就得损失投入本金的万分之八，短线投资者一个月内换三只股票是最少的了，在这过程中要买卖换手 6 次，支付佣金费用每个月就需要 480 元。照这样计算一年 12 个月下来花在手续费上就需要

5760元，占总投入本金5.76%，加上其他杂费估算约8%，如果是中长线投资就无需承担这笔损失。在频繁换股中出现了交易失误，那就更无法达到预期收益率，假如你想年收益率达到30%，那么，只需做到年收益率38%，扣除费用后就可以达到。而频繁交易的投资者就无法做到了，这就是市场中流传的那句话："做得越多错得越多"。

（四）对长线投资的正确理解

巴菲特曾说："我认为投资者应尽可能少交易，一旦选中优秀的公司大笔买入之后，就要长期持有" 巴菲特40多年的投资生涯中，只持有过十几只股票，就赚得620亿美元资产。堪称不受市场短期起伏波动所影响，具有良好心理素质的投资家，因为他做到了在买入股票之前全方位的调研，所以才能经受起股票价格的波动。当然，他的理念不能完全照搬，在A股市场还是根据市场的本质来做波段操作。

投资者不支持长线投资，是因为他们曾有长期持有某只股票，好几年不但没盈利，反而亏损严重的经历；或者买入当初盈利，后来没有及时卖出反倒亏损。实际上这并不是长期持股的错，而是买入了价格被严重高估的股票。下单之前没有评估该股的内在价值，个股并不适合长线投资，这才是关键。

长期持股并不是买了股票后就等着发大财，需要做的功课是关注所持仓股票公司的发展动向，公司产品是否被其他新产品所替代，行业发展生命周期等，比方说智能手机的出现取代传统模拟手机，所持股票不能跟上行业的发展，就要考虑换股票；平板液晶电视的普及，传统显像管厂家面临走向衰退；移动互联网的普及，电子商务时代到来等。另外，当市场风险来临时也同样需要减仓，一波牛市的结束，大多数个股价格会重新回归其价值，此时为避免利润回吐卖出手中的股票更为明智，技术上的调整都要调整仓位。

（五）树立投资理念的重要性

市场存在着各种利空利好的传闻，比如：今天是朝韩危机，明天是欧洲股市大跌，房产调控政策等，足以打消投资者的持股信心，在这种情况下需要应用**价值趋势投资理念**。实践证明价值趋势投资理念能跨越经济周期，挖掘持续增长多倍的大牛股；只要公司的经营发展没有恶化，因受市场短期利空影响出现股价波动，未能第一时间减仓不用过于担心。因为价值趋势投资理念所寻找的股票都是朝阳产业，高成长性企业，买的是公司预期，趋势一旦形成都会持续一段行情。如果是夕阳产业，或者说是因公司突发利好所形成的趋势，本身就不具备长期投资价值，所以经不起市场的波动。

综上所述，普通投资者要成为千万富翁并不是梦想，只要你投入 20 万元的本金，做到每年 30% 的复利投资 16 年后，你就成了千万富翁。如果想要更短时间内实现，那就需加大投资本金，关键问题是选对股票。如何才能做到年收益 30% 的复利投资，在后面章节里会详细讲述。要想从普通投者脱颖而出成为财富制造者，首先得学习本书的成功篇，看看其他投资大师是如何做到。

CHINESE CHARACTERISTICS INVESTORS WITH

励 志 篇

中国特色投资者

一、投资股市成功六部曲之一：欲投资——先求知

（一）知识是财富的源泉

1939 年 6 月，刚刚读初中的李嘉诚随着家人辗转到香港打拼，他在每天坚持学习两小时的努力下，获取了英国剑桥大学荣誉法学博士，1992 年获北京大学荣誉博士学位，成为华人首富、国内外商界的风云人物。2014 年 3 月，出版传记《李嘉诚：成功没有偶然》，从他的身上足以证明了成功是为努力学习的人而准备，又一次证明了第一学历与能力不成正比。

李嘉诚（Li Ka-shing）

李嘉诚，汉族，出生于广东潮州潮安，祖籍福建莆田，长江实业（集团）有限公司及和记黄埔有限公司董事局主席。

自从 1999 年被福布斯评为全球华人首富以来，连续 15 年蝉联华人首富宝座、实业家、亚洲有史以来最伟大的公益慈善家。

穷人和富人都由206块骨头组成，因为大脑所存储的知识不一样，所以拥有的财富也就不一样。如果投资不成功，就是因为所学的知识不够、方法不对。社会在进步、产业在转型，资本市场也在风云剧变，只有与时俱进，学习新的知识盈利水平才能提高。学习改变命运，拥有知识才能造就财富。

（二）成功投资者的潜质

成功投资者并不需要遗传基因，而是后天兴趣爱好所培养。

吉姆·罗杰斯（Jim Rogers）：华尔街现代风云人物，被人誉为最富有远见的国际投资家，是美国证券界最成功的实践家之一，吉姆·罗杰斯的投资回忆录里曾说："我当初觉得最好不过的是投资行业，不需要投资许多钱，而我也没有钱，只要你够聪明，肯动脑筋，了解时事就够了。我对世界大事又特别关心，同时也特别喜欢读书。这样我不需要为戴哪一条领带而烦恼，也不需要应酬或参加什么派对，可以做自己喜欢做的任何事情，是我理想的工作生活方式"。

吉姆·罗杰斯（Jim Rogers）

吉姆·罗杰斯（Jim Rogers），1942年10月19日出生于美国亚拉巴马州，1964年毕业于耶鲁大学。量子基金创始人之一、人称"奥地利股市之父"，是国际著名的投资家和金融学教授。

1942年出生的吉姆·罗杰斯（Jim Rogers）5岁时学会赚钱，曾怀揣600美元独闯华尔街，后与索罗斯共创量子基金，利润率一度高达3300%；他两度环游世界，而他们最终目的并非旅游而是做环球投资考察。因此创造了吉尼斯世界纪录，更创造了在10多个国家进行股票交易的投资记录……这就是吉姆·罗杰斯，一个生于美国亚拉巴马州普通工程师家庭的天才投资家。尽管在他的家族里找不到任何从事金融业的亲人，但罗杰斯凭借其与生俱来的投资热情，在世界金融市场上如鱼得水，堪与索罗斯、巴菲特齐名的投资大师。

的确如吉姆·罗杰斯所言，我们生活在中国也如此，每年通货膨胀率按大概数值5% ~ 8%来计算，假如将100元存在银行，10年过后存款几乎消失。在其他方面的投资又谈何容易？如投资房地产，周期长资金周转慢。房子压在手里时间长了卖不出去搬不动，这就名副其实的“不动产”。炒房也并非就一定赚钱，早些年在海南投资房产血本无归的例子也屡见不鲜。

投资股市最为容易、最快捷，资金周转最灵活而且还可以在短期内获利。不用应酬不用请客吃饭，更不用搞社交公关，只要一张书桌一台电脑，确认互联网接入服务器正常，打开交易程序，进入交易平台，足不出户，无论是刮风下雨，都可以坐在家中等着来钱，过着轻松自由的生活，远比那些起早摸黑的民营企业主赚钱轻松多了。

当然投资股市岂能不劳而获呢！在做任何工作之前都需要岗前培训与学习，要想在刀锋舔血的资本市场盈利也不例外，任何事物的存在都是有道理，为何市场中高达80%以上投资者亏损，因为这80%的人都没有认真学习过股票相关的知识。大多数投资者亏损后把责任推给了市场，把心中的埋怨指向管理层。当然，目前市场监管的确不完善，但请问广大投资者们，做过自我检讨吗？为投资学习过吗？一天花费多少时间去研究？孙子兵法云："知己知彼，百战百胜。" 想要投资成功首先要做自我分析，符合笔者所讲进入股市的三个基本条件？总之，你明天的收益多少，取决你今天对学习投资的多少。

当满怀淘金梦的投资者步入证券公司开户时，证券公司只有风险警示书，而肩负的培训责任，迫于证券业生存压力和降低运营成本，根本没有履行。普通散户投资者只能做股市的羔羊，等着挨宰的份。所以大多数投资者都亏得惨不忍睹！

（三）投资成功之路

对投资者来说，要想投资成功只有三条路可选，第一条路，屡战屡败向市场交学费，靠自己摸着石头过河，亏损后总结经验，这种在错误中学习是非常痛苦的方法，只要你能坚持，有足够的本金去亏损，也许花费数年时间也可获利，但是能得到家人的支持吗？选择这条路虽然节省了向他人学习的费用，但向市场交纳的学费更高，所需时间更长，而亏损后烦躁心情、所引发出来身体健康问题付出的代价更无法估量。正如中国的晚清时期政府闭关自守，最终走向灭亡，付出了沉重的历史代价。所以这条路叫作闭门造车，此路不通也！

拿取比创造容易，要想快速投资成功，最有效的方法就是向稳步盈利的投资者学习，并不是闭门造车，自己从零开始去摸索。

第二条路，拿取比创造容易，向业界稳步盈利的人学习！这种做法叫交费上高速，少走弯路。沃伦·巴菲特也并不是进入市场就能选到翻10倍的可口可乐股票，也同样和普通投资者一样走过不少弯路，做技术分析，同样在交易所看行情，也打听过小道消息。沃伦·巴菲特1947年，进入宾夕法尼亚大学攻读财务和商业管理专业，但他觉得教授们的空头理论不过瘾，两年后转学到尼布拉斯加大学林肯分校，一年内获得了经济学学士学位。此时的巴菲特并没有满足，1950年又考入哥伦比亚大学商学院，拜师于著名投资学理论学家 本杰明·格雷厄姆。在格雷厄姆门下巴菲特如鱼得水。1957年又亲自向教父级投资大师菲利普·费雪登门求教，在好友查理·芒格（Charlie Thomas Munger）的协助下，融合了本杰明·格雷厄姆和菲利普·费雪两位投资大师的优点，开始形成了自己的“价值投资”体系。

沃伦·巴菲特（Warren·Buffett）

沃伦·巴菲特（Warren·Buffett），出生于1930年8月30日，美国内布拉斯加州的奥马哈市，1951年获得了哥伦比亚大学经济硕士学位。

现有职业，波克夏·哈萨威公司行政总裁，2013胡润全球富豪榜排名第二。

由此可见，称之为“股神”的投资大师在成长路上也是向业界成功人士学习而来，“股神”的学习之路是花了最短的时间，学得了几位投资大师毕生的经验。的确，那些国际大师离我们的生活太遥远，无法向他们学习，你也许会选择看巴菲特传记，阅读乔治·索罗斯（George Soros），等国际大师的书籍，也许他们的投资理念在国外适用，但是按部就班就不一定符合中国

A股市场。同时你的疑问也无法得到他们的解答，甚至有些投资者买的书都没有看完，怎么能学到知识呢？

第三条路，如果你实在没有投资天赋，没有坚持学习的毅力，而在其他实业方面做得很好，那就借助成功者的力量帮助你成功，把资金交给专业投资机构帮你打理，坐收渔翁之利，只要分利润提成就可以，钱是别人赚来的，

本杰明·格雷厄姆（Benjamin Graham）

本杰明·格雷厄姆（Benjamin Graham），1894年5月9日出生于英国伦敦，1914年格雷厄姆从哥伦比亚大学毕业，1976逝世，享有“华尔街教父”“证券分析之父”之美誉。

分给对方是理所当然，中国有句古话“舍不得孩子套不到狼”，资本市场也一样，为了套“狼”用自己的“孩子”都要拿来当诱饵，如果拿别人的“孩子”去套“狼”都不乐意，那“狼毛”都见不着了。

综上所述通向投资成功的三条路，相同点都交了学费；不同之处，闭门造车向市场交学费，不但学不到知识反而劳民伤财，甚至影响家庭和睦，此路不通也；向业内成功人士学习，不但学到了知识，还轻松快捷地走向了盈利。除此之外，只有把资金交给专业的投资机构打理，这才是坐享其成实现财富梦想的高明之选。牛顿先生说：“如果说我比别人看得更远些，那是因为我站在巨人的肩膀上”。站在资本市场舞台上的成功者，也并不是与生俱来，而是不断努力学习进取的结果。世上无难事，只怕有心人，只要你有决心，有坚韧不拔的学习精神，你也可能成为中国“股神”。

二、投资股市成功六部曲之二：投资成功首要的条件是“环境”

（一）你的成功取决于做谁的球童

白手起家的李嘉诚，很早就开始关注对孩子的培养。据说，在儿子李泽钜、李泽楷还只有八九岁时，李嘉诚就专设小椅子让两个儿子列席公司董事会。次子李泽楷的零用钱，都是自己在课余兼职当杂工、侍应生挣来的。每逢星期日他都到高尔夫球场去做球童，背着大皮袋跑来跑去，通过自己的劳动领取一份收入。

李泽楷将打工赚来的钱，除了用于日常零花之外，有时还资助生活困难的同学。李嘉诚知道后十分高兴，他对妻子说：“孩子这样发展下去，将来准有出息。” 李嘉诚那时已不差钱，他为什么要把孩子送去做球童呢？因为高尔夫球场是成功人士的俱乐部，列席公司董事会也是与社会精英名流在一起，所以从小受成功人士熏陶的李泽钜、李泽楷，账面身家资产将超过李嘉诚成为华人新首富。

（二）如何选择投资朋友圈

住在马路边，呼吸的是汽车尾气，住在森林旁，呼吸的是新鲜的空气，身体才健康。在这里所指的“环境”除国内外经济环境之外，最重要的是你身边的投资朋友圈，你所在的证券公司，生活朋友圈，他们的投资行为会影响到你的决策。如果要和对方谈论股票，首先要知道他们的投资方式是否成功？如果没有，那么你快换朋友圈，找一些在这个市场盈利的人去交流投资方面的话题，因为亏损者理念和方法都是一样的，都是从不爱学习那类。

打麻将的人和打麻将的在一起，大家才有共同语言。而能在市场上挣钱的人都有超前市场眼光，和常人不一样的思想。他们一定懂得如何分析公司，有一定的财务基础或者有经营企业的经历，人群不一样，大家所讨论的话题自然不一样，对市场的认识也不在一个层面上。只有和盈利的人在一起，才能带动你的积极性，只有良好的环境才能让你在成功的路上更加快捷。

笔者刚入行时有加过一些证券公司的 QQ 群，群里鱼龙混杂，有人看涨，有人看跌，有人亏损后抱怨，有人挣钱后兴奋。那样的环境实在让我难以成长，没几天自己主动退出来了，后来参加了一个投资公司研讨会后，加入一位自称老师的 QQ 群，这里有所不一样，行情好时能挣点钱，行情差时所推荐的个股根本杠不住指数的下跌。最重要的是在 2007 年 10 月 16 日上证指数 6124 点区间，群里的老师并没有任何离场的提示。

后来笔者经过不断地向华尔街投资大师学习，经过多年的磨炼，创造了一套价值趋势逃顶抄底估值法。正如笔者在前言里所述 2011 年 11 月 11 日，上证指数 3186 高点区域用这套方法成功逃顶。后来也建立了自己的群体，在每一次行情顶部出现时都会做风险提示，群里除讨论投资学习与交流之外并不涉及其他话题，投资者在良好的环境中得到了进步，大多数从亏损的边缘走向了盈利。既然不能去改变一个群体，但是可以找有共梦想的人共建一个良好的投资环境。

三、投资股市成功六部曲之三：树立正确的心态和投资理念

> **无欲速，无见小利。欲速则不达，见小利则大事不成。**
>
> ——孔子

（一）正确的投资心态

出自《论语·子路》。子夏为莒（jǔ）父宰，问政。子曰：“无欲速，无见小利。欲速则不达，见小利则大事不成。”译文：子夏做了莒父的总管，问孔子怎样办理政事。孔子说：“不要求快，不要贪求小利。求快反而达不

孔子画像

孔子（公元前551-公元前479年），是春秋末期著名的思想家、政治家、教育家，为儒家学派的创始人。

到目的，贪求小利就做不成大事”。

投资股市更不能急功近利只追求眼前的利益，一味追求快会适得其反，贪图眼前小利往往得不偿失。投资者应具备良好心态，做的是投资，并不是去银行取钱。更不能当成是买彩票，有一夜暴富的想法。有些投资者，买入股票当天不涨，或者说接下来几个交易日股价有所回调，心烦意乱的心理很快做出“割肉”换股的行为，这都是急功近利、投机心态所致，这样恶性循环下去能不亏损吗？

投机和投资只是一字之差，可所怀抱的心态不一样，区别在于是否预知结果，投机是听信息买股票，一时侥幸搏一把，就算是盈利也只是巧合。而投资需要正确的投资理念，一套系统的盈利模式，需要时间周期，需要对公司做分析与评估，市场调研、K线技术图形分析，合理的资金管理。对投资标的物未来的价格走势有一定的判断力，只有这样才能有良好的投资心态。

（二）树立正确的投资理念

什么叫投资理念？有些投资者炒股一辈子什么叫投资理念都不清楚，怎么能盈利呢！所谓的投资理念就是选股遵循的道，买卖股票遵照的依据。一家企业经营的好坏在于该公司的经营理念，投资者是否做到投资成功取决于所遵循的投资理念。

（三）华尔街大师们的投资理念

巴菲特买入比亚迪公司股票后曾说：“我投资的是这个企业，而不是买的股票，并不在乎股价短期的涨跌，我坚信比亚迪公司能够成为世界级一流企业”。因为巴菲特买入比亚迪股票之前，对公司未来发展前景做了充分评估，所以能用良好的心态去看待股价的波动。股票买的是预期而不是眼前，对于这一点中国投资者心态就差多了，无论是机构还是个人都是急功近利。

巴菲特倡导价值投资理念，他的名言中“只有退潮后才知谁在裸泳”。潜在海里游泳时，即使光着屁股谁也不知，只有退潮后，才知道谁没穿裤衩。把股市比作潮起潮落的大海，大势行情上涨时，个股随波逐流，市场的投资热情推动股价跟随指数上涨。个股价值并不显现，大势行情回落时，还能稳步上涨的股票，才是真正具有投资价值的股票，这句话的本意应是这么理解。

巴菲特的老师菲利普·费雪投资理念：**可以增加公司内在价值的分析，发展前景、管理能力**。**他建议投资者购买有成长价值的股票，在投资前，做**

菲利普·费雪（Philip A. Fisher）1907-2004年，1928年费雪毕业于斯坦福大学商学院，华尔街一流的投资大师，巴菲特15%投资哲学来自于他。

菲利普·费雪（Philip A. Fisher）

深入的研究、访问，投资组合集中化，仅买入一种或极少品种的股票。由此可见费雪大师偏好成长价值股，集中投资的理念。

因此，投资理念就是买卖股票的总体指导思想，从选股到下单买入，持股到最后获利出局全过程的路线图，是投资战略核心，所遵循的纲要，甚至可以和古代君王治理天下的《论语》相提并论。如果说半部论语可治理天下，那么投资理念可定乾坤．由此可见，投资现理念的重要性，每一位投资者进入市场后都必须做的功课，通向投资成功的必经之路。

（四）根据国情，选对投资理念

因地适宜，华尔街大师的投资理念复制到中国也不一定成功。在中国刚考虑个股价值也不可取，因为有价值的股票不一定能涨。而等待的时间周期相当长，突发利好信息所形成的趋势，股价也涨不了几个交易日，符合中国A股市场的投资理念是什么呢？那就是笔者所创导的——**价值趋势投资理念**。

为什么一定要遵循价值趋势投资理念呢？因为股票是西方资本主义国家的产物，而中国是社会主义国家，政治背景和市场环境、投资者心理都不一样，这本来就是具有中国特色的资本市场。价值趋势投资理念，正是根据这个特色的市场而研究，符合中国本土市场。因此，想要在A股市场长期稳定获利，只有价值趋势投资理念才能做到。要想在具有中国特色的A股市场生存，遵循这一理念，就像我们不能选择自己姓氏一样的道理。

改革开放也并非不把马列主义按部就班到中国，而是结合中国国情，开创了中国特色的社会主义，在短暂的30多年取得了翻天覆地的变化，赶超日本成为亚洲第一，全球第二大经济体。所以在A股市场投资就要结合中国的国情，选择具有中国特色的投资理念才能成功。

性格决定命运，投资理念的选择决定投资者的资产盈亏。长期来看，你用的投资理念不一样，盈利比例就不一样。无论你选择什么样的投资理念，只要能做到持续盈利就是好理念，笔者运用价值趋势投资理念，战胜了A股牛、熊市场的裂变，从一个普通投资者做到私募基金经理人的传奇蜕变。

中国投资者不愿提及“价值”两个字，如果一旦听到有人谈到价值两个字，一定会遭到“炮轰”，这叫谈“值”色变。其实这就是对证券市场理解不够，知识缺乏的原因；这也和市场制度不健全法制监管不到位有关，另外浮躁的中国人一夜暴富的心态，根本没有耐心等待企业的价值成长带来的财富效应。而笔者研究的投资理念正是解决中国投资者追求快速获利的心理，有效地规避了价值投资周期长的缺点。随着政策法规的完善，操纵股价的不法分子会逐步远去，价值投资也会慢慢被投资者认可。

根据国情选对投资理念，是每个投资者进入市场的首要任务，不能捕风捉影乱听信息，就算是听信息买股票也要有讲究，打听来的信息也得经过大脑过滤，下面谈谈如何听信息。

（五）如何听信息

如今生活在互联网时代，信息不是太少而是太泛滥，投资者必须要有敏锐的洞察力和过滤能力，才能抓住事物的核心，不然就会被迷失方向。

投资者往往会听信这个专家，那个专家，或者哪个政府官员，哪个行业领袖。这里笔者建议，要把股票信息与提供信息的人分开，无论给你提供股票的人是多么有钱，地位有多高，官有多大，上一次信息有多灵验，都不能作为买入股票的依据。如果在未能充分研究下，买了对方所提供的股票，深套其中，就算是终究某一天会涨起来也不知要等待多长时间，也许在行情将要上涨之前就已经亏损出局。

更不能认为对方身份平凡，所提供的股票信息就没有价值，可以通过观察对方提供标的股未来价格走向，是不是可以持续上涨一段时间，有没有一套成功的投资理念，有没有出版过关于股票投资方面的书籍，这些都是衡量标准。再穷不能穷知识，每一个世界财富五百强都是先有知识，后拥有财富。每个成功投资者同样先是拥有一套稳定盈利的模式，随着投资年限的增加财富不断积累，最终才会走向成功！

四、投资股市成功六部曲之四：如何选择投资向导

（一）优秀的运动员，就是最好的教练

由海曼（美国女子排球运动员，身高 1.96 米，美国女排主攻手）领衔的美国女排在 1984 年美国本土洛杉矶奥运会上输给了郎平（中国女子排球运动员，身高 1.84 米，中国女排主攻手，后任多年中国女排主教练）压阵的中国队，此后美国女排在历届奥运会中都没有取得过好成绩，甚至在 1988 首尔奥运会上还落后到排在第 7 名，而中国女排在郎平带队下屡战屡胜，每次大赛都取得了优秀的成绩。在此，美国队意识到一个重要的问题，那就是具有优秀成绩的运动员做教练的重要性，实战能力会更强。

于是 2005 年，高薪聘请当年老对手郎平出任美国女排总教练，在 2008 年北京奥运会上，美国女排再次决战中国女排夺得了银牌，中国女排失败。这是一个优秀运动员当教练所创造的奇迹。由此可见，这不是肤色的问题，更不是中西文化差别，而是选择教练的重要性。在投资市场上也一样，选择具有优秀成绩的投资人当向导，才能让你在成功的路上更加顺利。

在投资市场上，天才并不是与生俱来而是后天的磨炼，既然是后天培养出来的那么这里就一定有老师，正如笔者前面讲到沃伦·巴菲特在成功的路

上也是向本杰明·格雷厄姆、菲利普·费雪两位大师登门求教，所以才有了今天的“股神”桂冠。

（二）如何选择基金经理

基经经理是如何选择呢？我们生活中请不起“股神”巴菲特，彼得·林奇做基金经理。目前高校所设的证券投资专业，涉及股票二级市场的交易知识非常有限，而教材永远比市场发展慢一步，这是目前无法解决的教材更新问题，大学里教的是一个版本，市场运行是另外一套，造成理论知识与实践脱节。另外，目前国内高校的应试教育，公式化教学，学习目的只是为应付考试，导致学生没有自由发挥的空间。因此选择实战派基金经理远比理论派强，并不是在名牍大学毕业或者经济学博士，盈利能力就一定强，目前很多基金公司、金融投资公司选择基金经理所用的标准都是错误。

没有当过士兵的将军不是一个合格的将军，同样，没有经过几轮牛、熊市场历练的投资者，也不适合做基金经理，只有经历了一轮完整的牛、熊市场的转变，才具备应对各种市场环境的能力。另外，**选择具有经营企业经验的投资者做基金经理会更靠谱**，要懂得分析个股背后的企业，只有经营过企业才能做到更准确，才能更熟悉产业政策，更具有敏锐的市场洞察力，对宏观经济的变化反应更快；更能发现潜在危机，控制风险的能力会更强。

也有人说，选择老股民经验更丰富，笔者认为，这也不一定可取，面对全球经济一体化的今天，时代政治背景不断变化，日新月异的市场环境，海尔集团总裁张瑞敏先生讲过：“过去成功的经验也许会是今天失败的原因”。中国资本市场经历了 20 多年的发展，政策法规不断完善，市场逐渐走向规范化。20世纪90年代的投资经验显然不适用，不能用过去的经验来分析今天的行情。为何别人能做到稳步盈利而自己却不能，那是因为别人知识、社会阅历，对市场了解程度不一样。要学会跟随市场，不能把自己的主观意识强加给市场。

（三）借力投资、充分利用人才优势

当你的成功概率还不高时，为减少亏损可投入小部分资金来试验，其他大部分资金交给专业机构运作，这也是一种快速实现投资成功的方法，因为专业盘手的盈利水平远要比你高，就按100万元资金来算，如你的盈利水平每年只有5%，那么一年只能挣5万元，而操盘手的水平每年30%不足为奇，这样能挣到30万元，5万和30万元你会选择哪一个，大家都明白。疑人不用，用人不疑。一旦选择了专业机构，就得充分地信任对方，就算对方不是个专家也至少是个行家。

（四）专业投资机构的优势

投资机构类型很多，拿基金公司来举例， 首先，是人才优势。基金公司配备有专业的投研团队，成熟的投资理念，能做到每天盯盘制度，风险控制，如遇突发事件能做到及时止损。其次，是资金优势。基金公司集中各路资金，拥有一个庞大的资金池，由于三方存管制度，不用考虑资金安全问题。组合投资的方式，可以降低非系统性风险，普通投资者资金量少无法做到这一点。当行情处于盘整时，机构可以应用套期保值功能，来规避股票价格可能出现下滑的风险。由于交易所制度的限制，普通投资者目前无法做套期保值交易。再者，是信息优势。基金公司专业的投研报告，了解上市公司的信息会比散户早一步。

（五）中、小股民应远离股市

小股民通常是平时不烧香，临时抱佛脚，把投资和其他工作兼职做，没有把主要精力放在研究股票上，没有一套稳定盈利的投资理念，受市场同质化影响太深。不但没有资金优势，也不懂如何控制风险，更谈不上投资组合管理。当指数跌到低位时风险释放后不敢进场，当指数涨了一段时间后才追着买股票，往往此时就是风险来临的时候，比如2015年，当指数到5000点时，菜场的阿姨都追着买股票，所以散户投资者都在高位站岗。与其这样炒股票，不如退出市场把资金交给专业机构运作，A股市场未来的投资者结构，将以散户＋机构的模式为主导，以私募基金为主的发展趋势。

（六）感恩他人回馈社会，送人玫瑰手有余香

每个人都应懂得感恩两类人：第一，是自己的父母；第二，就是传授你知识的人；前者给了你生命后者教会你生存的能力，学费有价知识无价。这是我们每个人都应明白的道理，感恩的方式有很多，笔者推荐的是给对方做宣传，带着身边的朋友共同发展。

笔者在入市之初，也买过不少书，同样像大家一样做过许多无用功，四处求学。曾遇一个高手，他说："如果有人要学他的方法，就算对方花200万元学费都不愿教"。任何一个成功者都经历过求学路上的艰辛，也感谢各位前辈的指点，经过多年实战经验的总结，笔者也成功创导了一套自己的盈利模式，可靠的投资理念。

（七）创造自己的学习环境

成功影响成功，民工朋友圈子几乎都是民工，要想投资成功，就得和成功人士在一起学习，要合作也要找稳步获利的人合作，想借力，那就找稳定盈利的人帮你打工。当你没有环境选择时，可以创造一个有共同理念的学习圈子。在生活中常常看到,有些人和某位成功人士握个手都把照片挂在办公室，更何况向成功人士学习呢！只要选对了投资向导，要想投资成功就容易了。

五、投资股市成功六部曲之五：总结创新是投资成功的关键

总结才是成功之母，只有失败后去检讨总结，才是成功的关键！

“失败乃成功之母”，指善于从失败中吸取经验教训才能成功。如果我们投资失败后不去总结，不改进方法，就算是失败一千次一万次，还是用过去失败的方法去做，只有重复失败的结局，只有失败后去创新、去检讨、去总结，才能从哪里跌倒从哪里爬起来，最终才会站在成功的舞台上。

（一）善于总结创造奇迹

史玉柱，1989 年研究生毕业后，随即下海创业，1991 年巨人高科技集团成立，注册资金 1.19 亿元，并频频受到半数以上中央政治局委员造访。1995 年被列为《福布斯》中国大陆富豪第 8 位，是当年唯一高科技企业家。1997 年由于 70 层的巨人大厦债务危机，一夜之间负债 2.5 亿元，后东山再起，再次创业成为一个保健品巨鳄、网游新锐，身家数百亿的企业家。有消息称 2011 年 6 月，史玉柱 4 个月斥资 26 亿元增持民生银行（600016），截止到

2013 年 02 月 06 日该股从最底价 4.9 元涨到最高价 11.91 元（见图 1-1）。

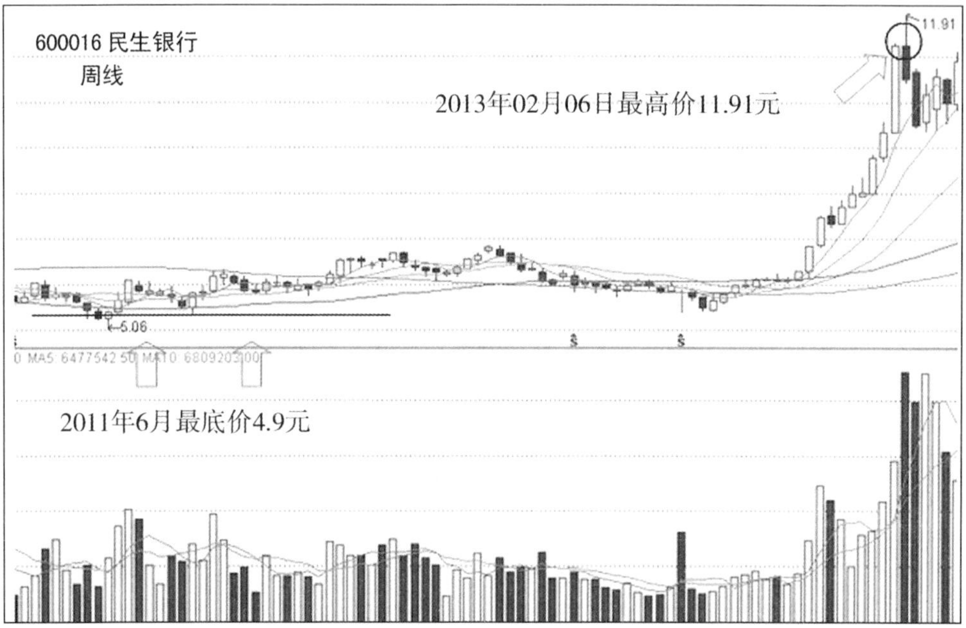

图 1-1　民生银行（600016）　周线图

2011 年 7 月史玉柱投资新华联（000620）两年净赚 3.8 亿元。这一事实更证明了，一个成功的投资者出自于成功的企业家。1997 年巨人大厦债务危机并没有让史玉柱倒下，因此他对自己做了深刻的总结剖析，分析了自己存在的确四大错误：

（1）盲目追求发展速度。没有以追求利润为核心，好看不好用。

（2）盲目追求多元化经营，对于不熟悉的项目乱投资。（大多数投资者一样，不清楚投资对象就下单建仓，在超市买个生活用品，比价格，比质量，买个小菜还要讨价还价，但是对于买股票，眼都不眨下，一看到分时上股价往上涨，就追进去买。）

（3）巨人集团的决策机制难以适应企业的发展。史玉柱占公司股份 90%，算是独裁决策，没有形成制约机制。

（4）没有把主业技术创新放在重要位置。

已负债 2.5 亿元的史玉柱通过自己的失败的总结和解剖，把失败看着是学习的机会，1998 年经过自己的亲自上街调查，他选择了保健品行业作为东山再起的突破口，当年 5 月，他凭借款 30 万元创造了“脑白金”。2001 年年初一篇收购珠海“巨人大厦”楼花的公告宣布了史玉柱这位巨人再次腾飞。

2001 年 CCTV 年度经济经人物质史玉柱颁奖典礼上

正所谓读万卷书不如行万里路，读 4 年证券投资不如炒 1 年股票。费雪说：“没有一种投资哲学能在一天或一年之内发展成熟，除非抄袭别人的方法。就我的情形来说，它是在漫长的时间内发展出来的，其中一部分可能来自所谓合乎逻辑推理，一部分来自观察别人的成败，但大部分来自比较痛苦的方法——那就是自己在错误中学习”。从这段话里可以看出费雪大师也是善于总结的人。

失败是对一个人是否能成功最基本的考验，想要成功就不要怕途中的失败，唐僧去西天取经的路上经历了九九八十一难，最后才取得了经书。总结创新是我们行动的指南。“宝剑锋从磨砺出，梅花香自苦寒来”，从失败中成长，从勤奋中崛起，无论是华尔街投资大师，还是世界五百强企业家，在成功的路上同样受过不少失败的艰辛，这就是成就大师必经之路。

（二）养成做笔记的好习惯

有句话叫师傅带进门，修行靠自己，投资笔记是总结的好帮手。笔者认识了位阿姨级别的投资者，她在短短几年投资生涯中就做了十几本笔记，用她一句经典的话来说："上面记的点点滴滴都是钱呀"。很多投资者都没有做笔记的习惯，虽然历史不会重演，但每次股灾出现背后原因都类似，无非就是系统性风险，和非系统性风险。老人家都能做到这点，何况我们年轻一代，还有更长的投资生涯呢！所以，投资者需要认真做好笔记，以便提高自己的投资水平。

做实业需要总结，做交易同样需要做总结，每天盘后总结一次，反问自己今天学到了什么？有没有比昨天做得更好？每个星期总结一次，乃至每个月总结一次，特别是一波行情到顶部后和一波行情启动后都需要去总结，投资者会发现很多问题，比如本波行情为何上涨，又为何会下跌，都需要做好投资笔记，这个市场永远是知识的 PK，智慧的竞赛。只有不断地总结盈利水平才会提高，才能规避不必要的风险，犯过的错误不会重犯，对以后操作思路才会更加清晰。

市场并不是无章可循，更不能理解成为赌场，如果你听到有人说股票投资是赌博，可以理解成那个人说对了一半，如果没有经过学习，对市场一点都不了解，不能做到分析和评估一家企业的内在价值，盲目去投资那就是赌徒，这也是无知的表现。

六、投资股市成功六部曲之六：持之以恒是投资成功的基石

成功贵在于坚持，财富的增长在于累积，知识更需要累积，每天提高一小步，一个月后你会有惊人的发现，一年后……

这里给大家讲一个耳熟能详故事：据说唐代诗人李白，小时候很贪玩，不爱学习。李白父亲为了让他成才，就把他送到学堂去读书，可他对那些经史、诸子百家之书学起来很困难，就不愿意学了，有时候还偷偷跑出去玩。一天，他没有上学，跑到一条小河边去玩。忽然看见一位白发苍苍的老婆婆，蹲在小河边的一块磨石旁，一下一下地磨着一根铁棍。李白好奇地问道："老婆婆，您在干什么呀？"老婆婆一边磨一边答"我在磨针"。"磨针？用这么粗的铁棍磨成细细的绣花针，要到什么时候才能磨成啊！"李白脱口而出。老婆婆抬起头停下手，亲切地对李白说："孩了，铁棒虽粗，可挡不住我天天磨，滴水能穿石，难道铁棒就不能磨成绣花针吗？"

李白听了老婆婆的话，很受感动。心想："是呀，只要有恒心，不怕困难，天天坚持做，什么事都能做好。读书不也是一样吗？"李白转身跑回学堂，从此以后他刻苦读书，终于成为一名著名的诗人。

成功的路上并不拥挤，只是能坚持的人越来越少。这位老婆婆要用铁棍磨成细细的绣花针精神，同样值得我们投资人学习，用在我们投资生涯中，也一样可以成功。只是能坚持的人太少，所以在这个市场没有几个能成功。

阿里巴巴公司IPO能在美国纽交所成功上市，与公司创始人马云执着和专注的性格密不可分。1995年，在国内民众对互联网了解几乎空白时，马云决定要做互联网，他的24个好友里就有23个人反对，但他并没有放弃，在创业初期资金紧缺的情况下，四处贷款无果，赴国外20多次融资被拒，他仍然没有放弃，最终把17位和他有着同样创业激情的年轻人团结在一起，留足10个月吃饭的钱，剩余每人平均拿出2万多元，包他自己共18个人凑了50万元创立了阿里巴巴，事实证明，当初他的坚持是人生事业转折点。有了第一笔创业基金，为他的互联网事业奠定了基础。

国内互联网创业如犹如千军万马过独木桥，能生存下来也剩寥寥无几，在2000—2001年，互联网泡沫破裂时，阿里巴巴也同样困境重重，当时马云削减了其业务，最终才渡过了难关。2003年，非典爆发时，当时很多互联网公司都倒闭了，马云率领阿里巴巴的员工坚持在各自家中办公。

2009年9月，马云拍板做“阿里云”，那时候云计算还停留在实验室，大数据在世界上几乎没什么人提过。技术出身的首席执行官项目一开工，就感觉这个产品做不出来，难度太高投入太大，打算放弃，后来被马云逼着做，没想到坚持了5年真给做出来了。

“阿里云”项目由于马云的固执和坚决，他说：“我一定要这个，不管怎么样，你就给我坚持”，每年投入几十亿元，1000多名顶尖的工程师日夜研发自主可控的基础性系统。5年后的11月11日，天猫的1.88亿笔“天量”

交易，依靠阿里云的支撑，实现了零漏单、零故障 。

谈到马云的坚持与专注，他说：“地上有9只兔子，我只会死盯1只兔子抓。你盯牢9只兔子都想抓，1只也抓不住，死盯1只就赢了”。阿里巴巴一开始就锁住电子商务、锁住小企业，依托国内强大的中小企业平台获得快速的发展。经历了2000年的互联网泡沫的倒闭潮，经历了2003年非典疫情灾难，大多数公司成立初期都死在资金瓶颈上，而阿里巴巴由于创始人马云的坚持与执着融到第一笔创业基金，带领团队突破了重重困难才有了今天的成功。

成功贵在于坚持，财富的增长在于累积，知识更需要累积，用我们前面讲到的复利方法，做到每天提高一小步，一个月后你会有惊人的发现，一年后、几年后……更不可思议了，很多小公司就是用这个指导思想，最终成为伟大的公司，所有的成功人士、投资大师都是这样一点一滴的成长。

投资是一个非常有魔力的行业，是一个财富可累积的行业，只要做到持续盈利，投资年限越长，财富就会越多。比如中医和会计职业也是有累积的职业，工作的年限越久，经验越丰富工资待遇越高。出租车司机这个职业，工作时间越长最多对道路熟悉些，财富并不会有多大的增长。开10年出租不一定能买得起房，投资10年股票，只要方法正确造就千万富翁不是梦想。

笔者入市之初还在经营自己的企业，当时还是一边工作，一边学习，但这种财富倍增效应的赚钱方式，很快让我着了迷，后来干脆全身心地投入了这个行业，一天24小时里，有10多个小时在学习西方投资大师的理念、盘后总结、技术分析、查看研报，正因为有了经营企业的经验，锲而不舍的精神，经历过了牛市，和漫长熊市的洗礼，最终研究出了一套成功的投资体系——**价值趋势逃顶抄底估值法和量价时空跟庄交易法，形成了自己根深蒂固的投资理念**。

本篇小结

本篇内容总结，如果想要投资成功，首先得向成功人士学习，先学好知识再做投资。有一个良好的交流环境，选对投资向导走捷径。选择正确的投资理念和树立良好心态；在实践中去总结创新，拥有一颗持之以恒的心，这才是通向投资成功必经之路。如果你无法做到以上几点，那就请专业人士帮你打工，拿取比创造更容易，也许是懒人投资成功最好的方法。只有找比你更专业，更成功的人，三人行必有我师。这里的关键就是要找对合作伙伴，不是轻易找个所谓的“专家”就行。比如观察下对方看好的股票后续走势，是否有一套自己成熟的投资理念。过去做了什么股票赚了多少钱并不重要，重要的是能预测某只股票，未来能涨到什么价位并兑现其观点。在本篇内容，也给基金公司和金融投资公司，如何选择基金经理提供了很好的参考意见。

CHINESE CHARACTERISTICS INVESTORS WITH

价 值 篇

一、A股市场的本质

投资者来到任何一个市场，首先要了解市场的本质，投资者结构、市场资金来自何方、影响指数涨跌的因素等相关问题。随着 2010 年 4 月 16 日股指期货正式上市，交易机制有了新的改变，主力机构在期指上做空也可盈利。各种金融衍生产品的出现，投资者结构的变化，市场的波动会更加激烈，比如 2015 年，由于场外配资杠杆导致股市快速上涨，随之而来的断崖式下跌。因此，想要投资成功，就必须去适应新的市场环境，重新认识这个市场。

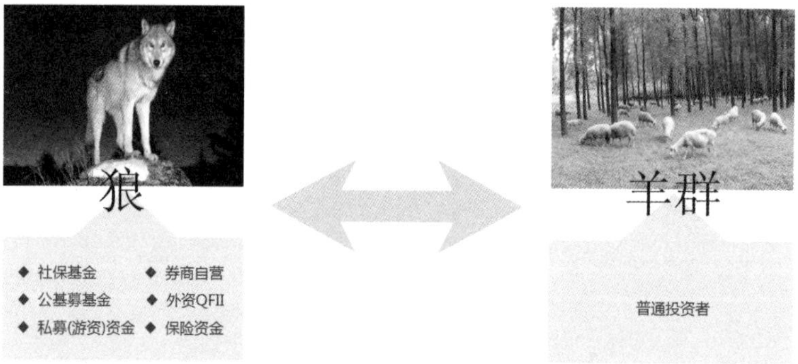

上图可以看出，如果用狼与羊来比喻参与市场的投资者，普通投资者都是羊群。社保基金、公募基金、外资 QFII、保险资金、券商自营、私募（游资）资金都是这个市场中的狼群，要想在市场中取得不败之地，就得与狼共舞，搞清楚“狼”的战略和战术思想，研究“狼”的手法和操盘思路。

（一）政策市

任何一个国家的经济都是由政府来主导的，中国也不例外，一年一度的中央经济工作会议，是研究当前经济形势和定调下一年宏观经济政策最权威的风向标，同时也是每年级别最高的经济工作会议。可以从每年中央经济工作会议总基调和上证指数的行情走势做个总结，2005 年会议时间是 11 月 29 日至 12 月 1 日。会议基调：保持宏观经济政策的连续性和稳定性，着力提高经济增长的质量和效益，实现又快又好发展。上证指数从 2005 年 12 月 6 日起，从 1074 点启动了一轮牛市，见图 2–1。

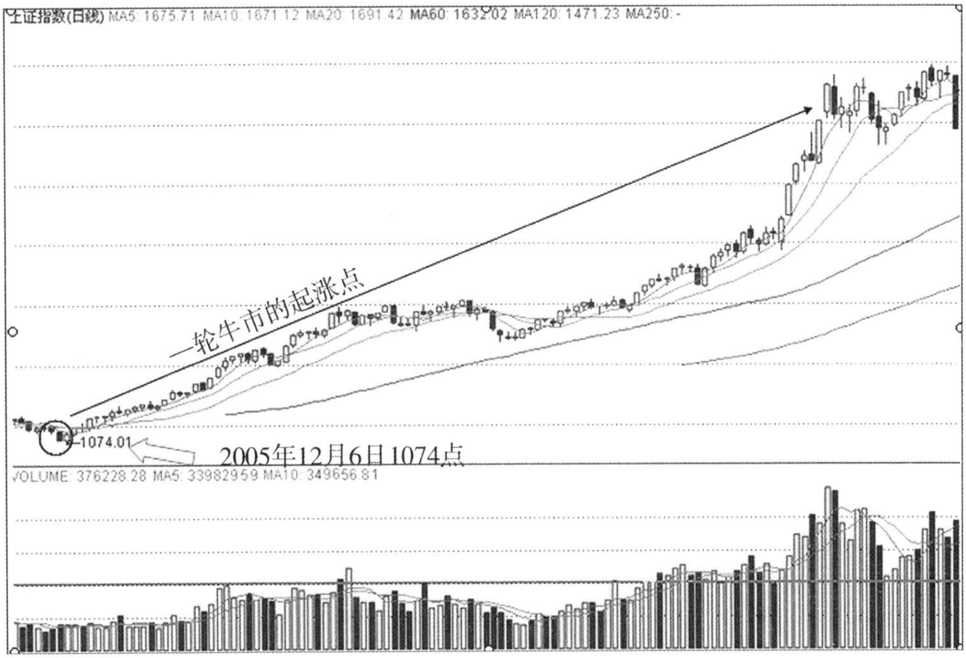

图 2–1　上证指数 2005 年 12 月 6 日后走势图　日线图

又如：2006 年底，中央经济工作会议定调 2007 年时，总指导思想是：“**让国民经济又好又快的发展**”所以就有了 2006–2007 年的新一轮历史牛市，指数直达 6124.04 历史高点。而后，因 2007 年 10 月由美国次贷危机转变成的全球金融危机，终结了这一波历史以来的大牛市行情，见图 2–2。

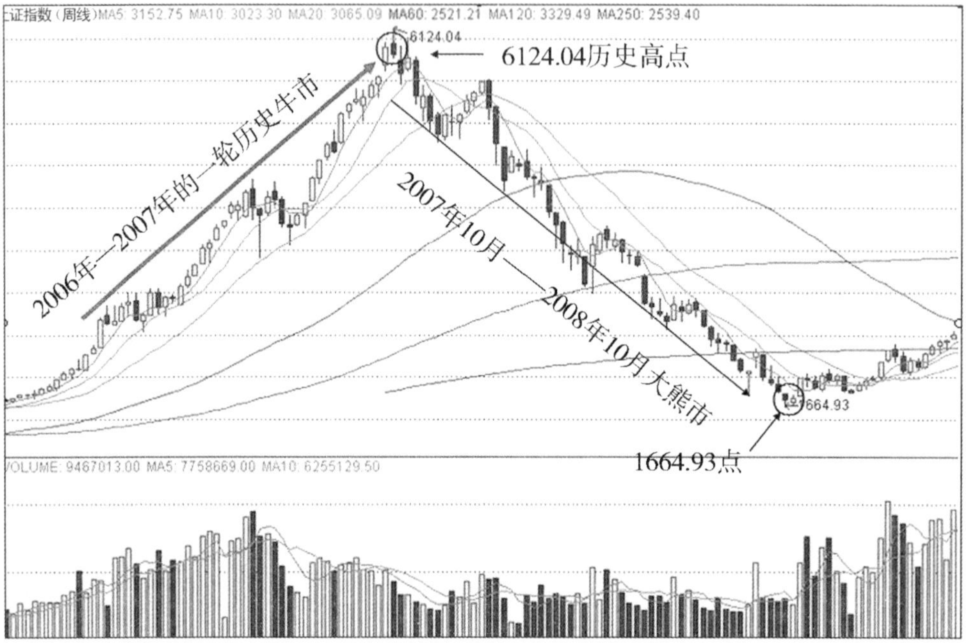

图 2-2　上证指数 2006-2007 年走势图　周线图

2007 年 12 月 3 ~ 5 日，会议提出防止经济增长由偏快转为过热、总基调：**控总量、稳物价、调结构、促平衡**。全球金融危机和宏观调控两者因素影响下指数从 6124.04 点直降到 1664.93 点（见图 2–2）。由于大多数投资者没有及时在高位离场，导致大多数投资者套在高位亏损严重。这样的对比也许是纯粹机缘巧合。证券市场指数涨跌与该国的货币政策、利率，GDP，CPI，都有影响。

领导已经提示了防止经济过热，宏观调控政策已出台。为何大家还要贪婪呢！再说全球经济一体化的今天，美元主导全球经济，美国商业银行破产，能不导致全球金融危机吗？本轮股灾下跌至 2008 年 10 月中国中央政府决定投资4万亿元的救市资金，再加上12月6日IPO暂停等多种救市措施.市场从此起死回生，指数从1664.93点回升到2009年8月4日指数3478点。出现了一波中级趋势行情，见图2-3，走出了牛、熊市场周期的轮回，这充分体现了政策调控对中国A股市场的影响。

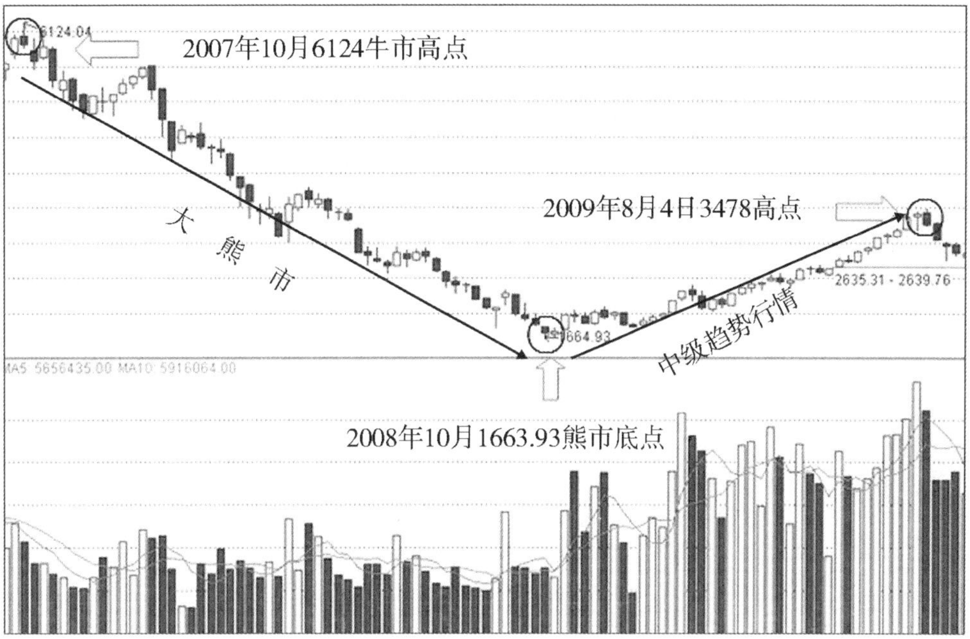

图2-3 上证指数 周线图

（二）资金推动市

从2007年10月12日的分时走势图分析：早间开盘指数在5950点附近横向振荡，当运行至11点06分，突然出现连续大卖单把指数打压到5658点，期间近300点的振幅，而尾盘指数再次拉回到5950点附近。像这种异动行为，只有大资金抛盘和拉抬才能做到，随后几个交易日指数再创新高，其实是一种诱多出货的行为，先知先觉的主力机构顺势逃之夭夭，此时市场中的绝大多数散户投资者，还沉静在指数破万点的梦幻中……

从资金的供求面来分析，只有源源不断的资金流入，股价才能上涨，资金流出股价就下跌。A股市场经历了从6124历史高点到1664十年前历史低点再到3478点，在短短一年多发生魔术般的变化，因此A股市场是锻炼魔鬼投资者的地方，只要能在A股市场赚钱，在世界任何一个证券市场都可以生存。

类似于2008年股灾的前兆，用价值趋势投资理念分析，从个股估值角度完全可以预测出来，我们回顾一下，当指数处于5000点以上时，大多数个股市盈率已严重偏高，有些投资者调侃称之为“市梦率”，所以，当市场整体出现泡沫时就是顶部到来之时。此次顶部的出现，大多数技术派投资者也没有提前出逃，所以，估值才是决定股价走向的因素。

2013年中央经济工作会议12月10日至13日在北京举行。会议提出了2014年经济工作的主要任务，提出大力调整产业结构，大力发展战略性新兴产业。根据《关于加快培育和发展战略性新兴产业的决定》，到2015年，我国战略性新兴产业增加值，要占国内生产总值的比重力争达到8%左右。到2020年，要占国内生产总值的比重力争达到15%左右。所以笔者研判未来超级大牛股会在新兴产业中产生，相信会兑现这一观点。

由此可以看出A股市场的本质，是政策主导市场，主力资金跟着政策走，是资金推动的市场，资金的流向决定了股价的走向。资本为实体而服务，当IPO发行到一定的数量，市场也就到了顶峰，目前来看A股市场只是实现了融资功能，只有小部分公司才能为投资者分红，大部分公司上市的目的就是融资圈钱。所以我们不但要学会评估一家公司股票的内在价值，更要懂得分析政策和洞察资金的动向。

（三）股价涨跌的内在原因

从买卖双方多空力量对比来分析，如果买盘力量大于卖盘力量股价则上涨，反之股价下跌，从盘口来分析，股价的涨跌是买卖双方力量所决定，但影响投资者做出买卖决定的是股票的内在价值。市场中为何有些股票会得到资金的持续追捧？那是因为投资者对该公司的预期充满“幻想”。为何有些股票会遭到投资者的抛售，是因为投资者对该公司的预期不看好。

有时市场会在短期内对某一只股票集体购买或抛售，那是因为该公司有利好或利空的出现。为何有些股票能长期上涨，比如笔者前言中提到天士力（600535），那是因为该公司的经营发展持续增长，公司的内在价值不断提升，而短期内暴涨的股票都是因利好所导致。

因此，推动股价上涨的内在动力有两个因素；第一因素，公司内在价值持续增长，从而推动股价上涨，适合做中长线投资，是长期盈利的法宝；第二因素就是主力资金对该股短期题材概念的炒作，适合短线投资者。

（四）为何会只涨指数而不赚钱

相信大多数投资者都遇到过这样一个问题，那就是看着指数天天猛涨，自己持仓的个股不涨而反跌跌不休。当指数快要回调时，自己持仓的个股先回调，这是什么原因呢？要清楚这个问题，首先得了解影响指数涨跌的重要原因，哪些板块市值占市场份额比较大，对市场造成影响。我们可以注意到金融、地产、煤炭、 钢铁、有色，水泥板块中个股市值相对较大，又称权重板块。假如这些板块中有一、二个板块股价集体波动，就会带动指数上涨或下跌，如果你持仓股票不属于上涨板块中关联的个股，股价当然就上涨无力了。另一原因，就是你持仓的个股刚被市场爆炒过股价已高估，遭到大多数投资者的抛售，价格就更不可能在短期内上涨。

列举2010年10月8日国庆节后行情，上证指数从2681.25点涨到11月11日3186.72点，期间指数涨幅近500点，见图2-4。

而个股华意压缩（000404）在这波行情大涨期间不但没涨反而跌17.76%，见图2-5，这就是典型的例子，符合上面我所指的两种情况，在当时投资者就应回避这类个股，笔者并不是说该股以后再也没有投资价值，只是同期与指数的涨幅背道而驰，举例证明为何指数涨而个股不涨的原因，也许该股以后又有新的题材，公司预期会被市场看好，又被重新炒作。

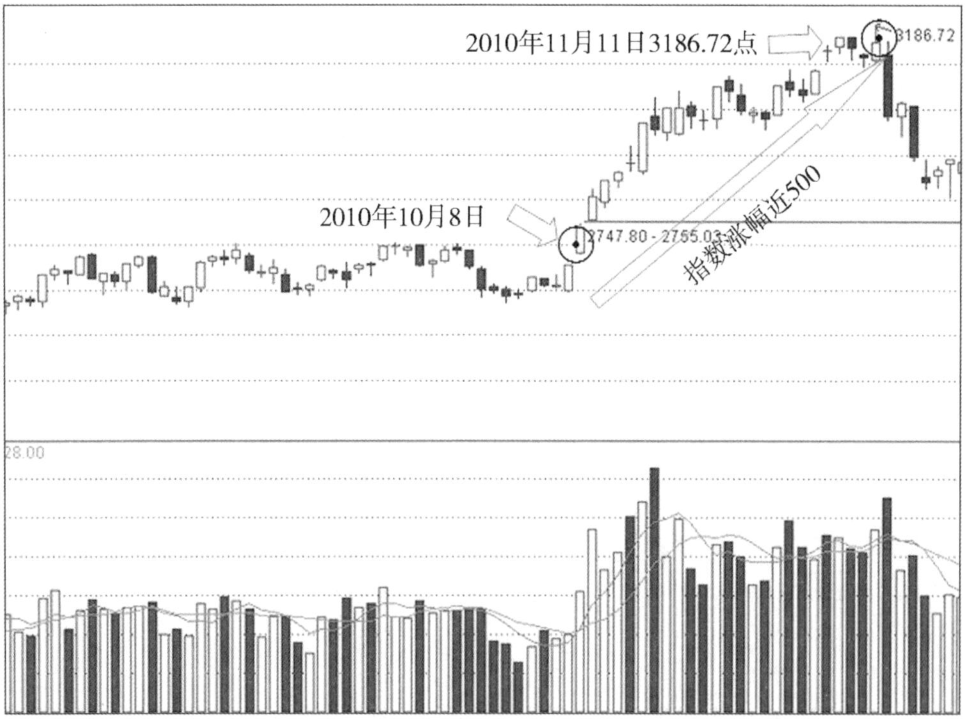

图2-4 上证指数2010年10月8日至11月11日线图

另外，如今随着产业结构的调整，沪、深两市股本较大的股票也悄然发生变化，证券股，新兴产业中股本较大的也不断增加，除笔者在上文中所指的地产、煤炭、钢铁、有色，水泥板块的波动会左右指数外，证券股、电子商务，互联网金融，消费电子等，只要稍大点市值的股票板块形成联动性、羊群效应，集体波动都有可能影响指数的上涨和下跌。所以选择个股与当天

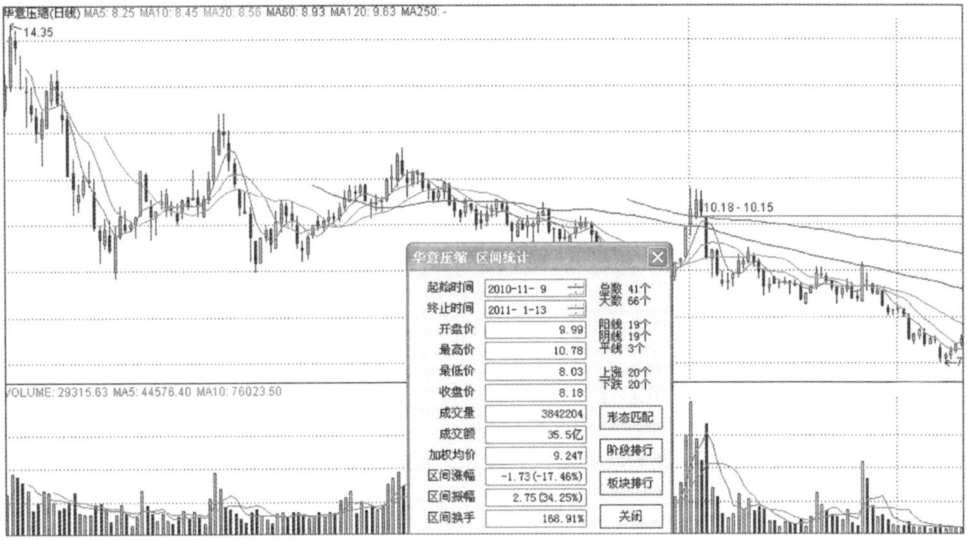

图 2-5　华意压缩（000404）　日线图

盘面市场热点尤为重要。只涨指数不赚钱，牛市中往往会遇到这种情形，应对这种行情要保持冷静，克服心浮气躁的心理，静心观察哪些板块可以持续上涨，哪些个股是昙花一现。

只要把握了市场的本质，清楚了主力资金的去向、明白了股价涨跌的内在因素，政策调控对市场的影响，投资者只要把这些功课都做到位了，在实际操作中保持清晰的思维，把握市场的节奏，在 A 股市场上投资成功就有了胜算的把握。

二、如何分析行业生命周期与特征

（一）行业分类与特征

什么叫基本面分析？要确定一个股票的内在价值，投资者必须对公司未来的经营业绩和盈利水平进行预测。我们把诸如分析预期收益等价值决定因素的分析方法称之为基本面分析。

对行业分析是对公司基本面分析的前提，行业有自身特定的生命周期。所处不同生命周期，其投资价值不一样，具有明显的差异。所以，选择行业是选择个股的重要前提之一。行业板块分析和个股分析是相辅相成，上市公司的利润和风险，也会因为行业所处不同时期而产生差异，往往是具有发展前景、效益最好、风险相对较低的行业会得到机构投资者的青睐。相反如果某个行业发展到一定的高峰，并逐渐走向衰退期，就会遭到投资者抛弃。

根据公司数量的多少，进入限制程度和产品差别，行业基本上可分为以下四种市场结构：

（1）完全竞争：是指竞争不受任何阻碍和干扰的市场结构。行业最大的特点，就是企业永远是价格接受者而不是价格制定者（本类上市公司少）。

（2）垄断竞争：企业产品在同行业之间存在着差异，生产者可以树立自己的产品信誉，从而对其产品价格有一定的控制能力。造成垄断现象的原因是产品的差异，造成竞争的现象是产品相同，即产品可替代性。如纺织、服装、小家电类。

（3）**寡头垄断：**是指相对少量生产者，在某种产品生产中占据了很大市场份额，从而控制了整个行业的市场供求结构。对市场价格和交易具有一定的垄断能力。特点：初始投入资本较大，阻止了大量的小企业进入，此类产品也只有大规模生产时才能获得好的效益，在竞争中会淘汰大量的中小型企业。属于资本密集型，技术密集型：如钢铁、水泥、汽车等重工业以及少数储量集中矿产品、如石油，因为这类公司所需要巨额投资，复杂的技术或产品的储量分布，限制了新企业对市场的进入。

（4）**完全垄断：**指独家企业生产某种特质产品的情形，整个行业市场完全处于一家企业所控制的市场结构，产品特点是没有或很少相近的替代品。

完全垄断可分为两类，第一类：政府完全垄断，通常在公用事业居多，如国有铁路（2013 年后政策已开放）电信等部门。第二类：私人完全垄断，根据政府授予特许专营，或根据专利独家经营以及资本雄厚、技术先进而建立排他性的私人垄断经营。公用事业类（如发电、煤气公司、自来水公司）某些资本、技术高度密集型或稀有金属矿藏开采等行业，比如稀土。

完全垄断行业特点：市场被独家企业所控制，其他公司是不可以或不可能进入该行业。垄断者能够根据市场的供需情况制定理想的价格和产量，在高价少量和低价多销之间进行选择，以获取最大的利润空间。但垄断者在制定产品价格与生产数量方面的自由性，是受国家反垄断法和政府管制约束。完全垄断行业是经常被市场炒作的对象，投资者在选择行业中应多关注。

以国民经济周期来对比，行业可以分以下三类：

（1）持续增长型行业：这种行业增长的速度，并不会总是随着经济周期的变动而出现同步变动，因为它们主要是依靠技术的进步、新产品的推出及优质的服务，从而经常呈现增长形态。以往计算机、复印机行业表现了这种形态。在经济高涨时，高增长行业的发展速度通常高于平均水平；在经济衰退期，受影响较小甚至仍保持一定的增长。这种行业的股票价格相对较高。

（2）周期型行业：此类行业运行状态与经济周期紧密相关。当经济处于上升时期，行业会紧随扩张；当经济衰退时，也相应衰落，行业的收益变化幅度，会在一定程度上夸大经济周期，产生这种现象的原因是，当经济上升时，这些行业的相关产品购买力增加；当经济衰退时，购买力被延迟到经济改善之后，例如：消费品业，耐用品制造业，及其他需求收入弹性较高的行业，或者其他因素导致的周期性行业。

（3）防守型行业：行业经营状况在经济周期上涨和下降阶段都很稳定，这种运动形态的存在，是因为该类型行业的产品需求相对稳定，需求弹性小，甚至在经济衰退期还会有一定的实际增长。该类型行业往往是生活必需品，或者必要的公共服务。公众对其产品需求相对稳定，比如食品业和公用事业，医药卫生就属于防守型行业。投资于防守型行业一般属于收入型投资，而非资本利得型投资。

（二）行业生命周期分析

每个行业都要经历一个由成长到衰退的演变过程，这个过程称为行业的生命周期。行业生命周期可分为幼稚期、成长期、成熟期和衰退期。

幼稚期：一个行业的萌芽和形成，最基本和重要条件是人类物质文化需求。资本的支持与资源的稳定供给，是行业形成的基本保证。形成方式有三种：分化、衍生和新生长。

成长期：行业的成长实际上就是行业的扩大再生产。主要体现在生产能力和规模扩张、区域的横向渗透，以及自身组织结构变革能力。判断一个行业的成长能力有以下几个方面：

（1）需求弹性；需求弹性较高的行业成长能力也较强。

（2）生产技术。

（3）产业关联度；产业关联度较强的行业，成长能力也强。

（4）市场容量与潜力：市场容量和市场潜力大的行业，成长空间也大。

（5）行业在空间的转移活动。

（6）产业的组织变化活动。在企业的成长过程中，企业组织不断向集团化、大型化方向发展。

成熟期：（比如现在的互联网，软件、IT行业）行业成熟表现为四个方面：

（1）产品成熟。

（2）技术上的成熟，行业内的企业稳定、先进的技术。

（3）生产工艺的成熟。

（4）行业组织上的成熟。

行业处于成熟期的主要特点：

（1）企业规模空前、地位显赫，产品普及程度高。

（2）行业生产能力接近饱和，市场需求也趋于饱和，买方市场的出现。

（3）构成支柱产业地位。其生产要素份额、产值、利税份额在国民经济中占有一席之地。通常在短期内很难识别一个行业何时真正进入成熟期。进入成熟期的行业市场被少数资本雄厚、技术先进的大厂商控制，各厂商分别占有自己的市场份额，整个市场生产布局和份额，在相当长的时期内处于稳定状态。厂商之间的竞争手段逐渐从价格手段转向各种非价格手段，如提高质量、改善产品性能和加强售后服务等。行业的利润由于一定程度的垄断达到较高水平，而风险却因市场的结构比稳定、新企业难以进入。

在行业成熟期，行业的增长速度降到一个适度的水平。在某种情况下，整个行业的增长可能会完全停止，产能甚至下降。行业的发展很难较好地保持与国民生产总值同步增长。当然由于技术上的创新、产业政策、经济全球化等各种原因，某些行业可能会在进入成熟期之后迎来新的增长。

衰退期：行业的衰退是客观必然，经济新陈代谢的表现。行业衰退可以分为自然衰退和偶然衰退。自然衰退是一种自然状态下到来的衰退。偶然衰退是指在偶然的外部因素作用下，提前或者说延后发生衰退。还可以分为绝对衰退和相对衰退，绝对衰退是指行业本身内在衰退性起作用而发生的规模萎缩、功能衰退、产品老化。相对衰退是指行业因结构性的原因，或者无形原因引起行业地位，和功能发生衰退的状况。而不一定是行业实体发生了绝对的萎缩。

行业衰退期，时间上长过于前面三个周期。也有大量行业衰而不亡，例如，钢铁业、纺织业、烟草业（以上内容部分摘抄证券业协会《证券投资分析》）。

生业生命周期不同、其表现风险，利润特点也不一样，见图 2-6。投资者应仔细分析公司所处的行业生命周期，跟踪考察该行业的发展趋势，分析行业的投资价值和风险。对于风险承受能力较低的投资者，可以选择成熟期

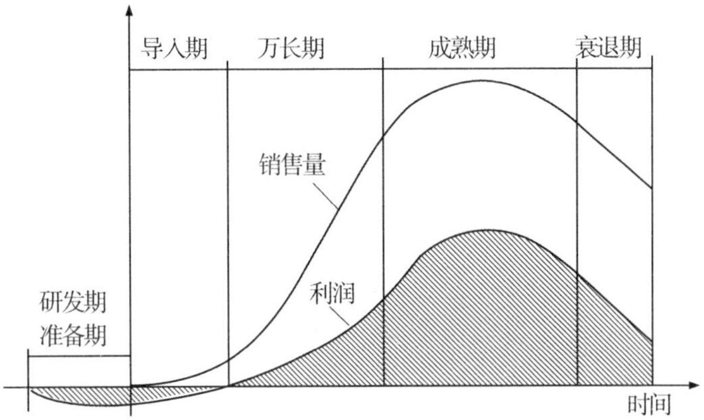

所处时期	幼稚期	成长期	成熟期	衰退期
公司数量	少	增加	减少	少
产品价格	高	下降	稳定	
利　润	亏 损	增加	高	减少→亏损
风　险	高	高	降低	增 大

图 2-6　行业生命周期各阶段“价格—销售—利润—风险”情况图

行业。这些行业基础稳定，利润高、市场风险相对较低。

把公司未来的经营业绩和盈利水平作为分析，是基本面分析的核心。在做投资分析时，首先从宏观经营环境出发，考察国内外经济环境因素，确定外部经济对公司所处行业产生的影响，以及生命周期。“自上而下”的层次分析法，即从宏观→行业→个股。

男怕入错行，女怕嫁错郎。我们刚入社会选错了行业并不可怕，可怕的是，把辛苦工作几十年的积蓄投入股市时，再次投错了行业。所以，投资者在选择股票时，选择行业应放在第一位，然后才去行业中去选择优质的个股。在当下工业 4.0，DT（数字科技）时代，如何把握行情请看下一篇章。

三、如何选择持续盈利的股票

根据公司的特点我们把个股分为以下几种类型：缓慢增长型、稳定增长型、快速增长型、周期型、资产隐蔽型以及困境反转型。无论是哪个行业，实体经济的“增长”都意味着今年比去年增长更多。所以，在买入一只股票之前首先要判断是哪一种类型。

对于一个公司来说，计算增长率在算术上并不难，增长率可以在很多种方面来衡量：比方说，销售的增长、利润的增长，产能的增长等，当你听到成长型公司时，你可以假定这家公司正在扩张，一年接一年，它的销售持续增长、产量持续增长、利润也持续增长。这里建议投资者在选股票时，就像平时大家在超市选购日用品一样用心去分析，比质、比价格、比公司背景，你的成功概率就高了许多倍。

（一）缓慢增长型

当一个行业增长到一定程度，进入到成熟期后，消耗了元气，其速度都会竭停下来。不能充分利用新的发展机会，市场已不能再扩展，常见的行业是公用事业、商业百货、酒店业类型的公司。其特点：因公司不能想出扩张业务的新方法，利用定期支付股息来回报投资者。笔者对这类公司的股票不太偏好。因为，靠股利是不能满足投资需求，只有股价的差额收益才能做到。

（二）稳定增长型

稳定增长型公司的股票类似浙江振元（000705），见图 2-7，2008—2013 年出现过那样的情况，其特点是市值规模非常大。这类型公司所在的行业，多数是人们生活中的必需品，生物医药类，消费类，百货类股票较为常见。他们的增长速度快于缓慢增长型，K 线图形是比较平坦，不会很陡峭。公司利润年均增长率 10%~15%。

投资这类股票能达到多少年收益，取决于买入的时机和价格。无论是在经济衰退期，还是繁荣期这类股票总能表现得比较稳定。所以又称之为防御类型股票。

图 2-7　浙江振元（000705）　周线图

（三）快速增长型

这类股票是笔者最善于捕捉的类型，通常表现为股价很高，让投资者望而止步，其特点是，公司规模小、新成立不久、成长性强，年平均增长率为50%~100%，有的会几百倍，多倍大牛股往往会在这里产生。比如2011年后出现的互联网金融．手机游戏，电子商务等概念类型的股票，小投资者买入一支这样的股票，在短短几年内就可实现心中的财富梦想。

类似这样的个股笔者在前言中所讲的云南白药（000538）、天士力（600535）、酒鬼酒（000799）就属于这类，快速成长型的公司，并不一定是属于快速增长型行业。在缓慢增长型行业中，一个能够让其不断增长的市场空间照样能够快速增长。在传统酿酒行业中，酒鬼酒以洞藏文化，独特“馥郁香型”为产品亮点区分市场，公司从2008—2012年复合增长率达到126%，成为一个快速成长的公司，股价也从2008年是低价3.63元涨到2012年最高价61.45元，涨幅达16倍。

快速增长型的公司，经常会存在着经营上的风险，比如说公司快速扩张所引发资金不足，带来的财务危机，产品的质量风险。一旦产品出了质量问题，二级市场股票会惨遭抛售，股价会出现连续好几个交易日跌停，酒鬼酒（000799）、重庆啤酒（600132）就是在发展过程中因质量问题风波，导致二级市场股价大跌，酒鬼酒被媒体曝光含塑化剂问题后股价走势，见图2–8。接下来几年时间，公司会从快速增长变成缓慢增长型。

重庆啤酒由于乙肝疫苗“流产”信息公布后，二级市场股价也惨遭抛售。如果说是概念炒作，不如说是公司跨行业扩张，给投资者快速发展的假象，导致这一悲剧的上演。更严重的还有可能公司破产或被并购，比如三鹿集团

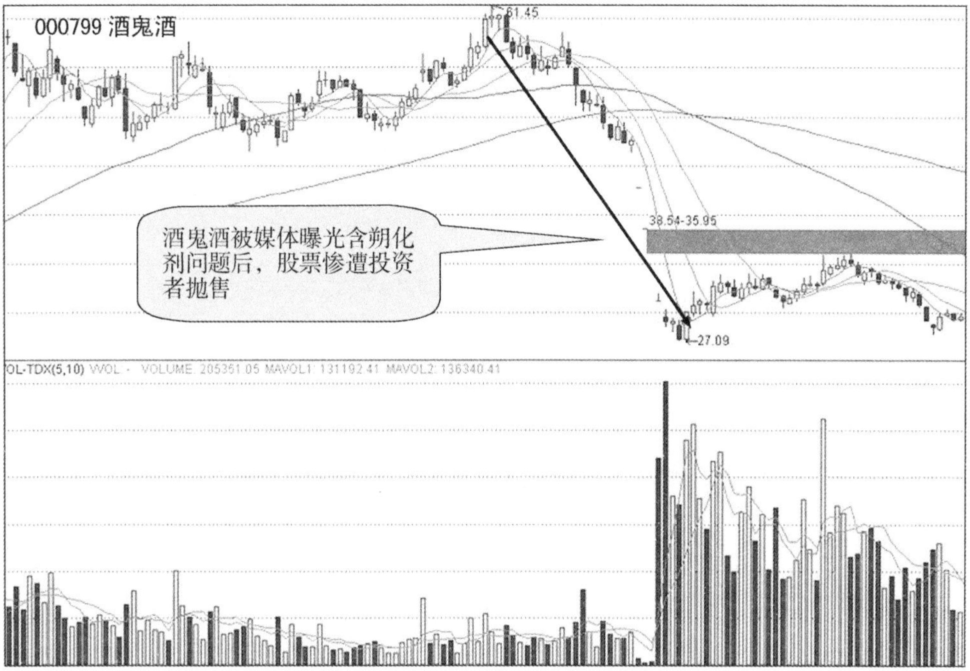

图 2-8　酒鬼酒（000799）　日线图

产品检出三聚氰胺质量问题，最终被三元股份收购。

投资快速增长型的公司，高回报的同时也是高风险，只要能够持续保持较快的增长，快速增长型公司股票就会是市场中的大赢家。这类型股票止盈的关键点，是公司增长到什么时候，以合适的价格卖出。

（四）周期型

周期型公司和季节性产品的有点类似，区别前者是时间周期，后者是产品周期。是指销售收入和盈利，以一种非完全可以准确预测，却相当有规律性的方式不断上涨和下跌的公司。增长型的公司是不断地扩张，而周期型的公司是经营规模扩张到收缩，再扩张、然后又收缩，有些不断循环往复。与国民经济周期紧密相关，前面分析行业生命周期章节里有讲过，个股与行业的性质差不多。比如化工行业澄星股份（600078），公司从1997年上市以来最高价也就16~19元之间，最低价一直在3.5元左右。买入时机是投资周期型股票的关键，只要你掌握周期特点，这类股票风险小，利润率高。

（五）困境反转型

此类型股票为ST摘帽居多。所谓ST股：是1998年4月22日，沪深证券交易所宣布：将对其财务状况异常的上市公司，股票交易进行特别处理（英文为Special Treatment，缩写为“ST”）。其中异常主要指两种情况：一是上市公司经审计两个会计年度的净利润均为负值，二是上市公司最近一个会计年度经审计每股净资产低于股票面值。在上市公司股票交易被实行特别处理期间，其股票交易应遵循下列规则：①股票报价日涨跌幅限制为5%；②股票名称改为原股票名前加“ST”，例如“600311 ST荣华”；③上市公司的中期报告必须经过审计。

“*ST”是指由证券交易，所对存在股票终止上市风险的公司，股票交易实行“警示存在终止上市风险的特别处理”，是在原有“特别处理”基础上增加的一种类别的特别处理，其主要措施为在其股票简称前冠以“*ST”字样，以区别于其他股票，在交易方面，是被实施退市风险警示处理的股票。

笔者在前面所提的酒鬼酒（000799）也同时属于困境反转型公司。2007年4月27号曾冠名“*ST酒鬼”，2008年4月9日年报披露后才摘去*ST的帽子，此后股价在短短4年期间翻16倍。

广晟有色（600259）就是一个典型的例子。该股在2010年5月19日之前长达 4 年时间被冠以“ST” ,*ST 称号，自从国家对稀土行业出口加于管控后，政策的利好给公司带来了转机。该股在 2010 年 5 月 19 日 ST 摘帽后，

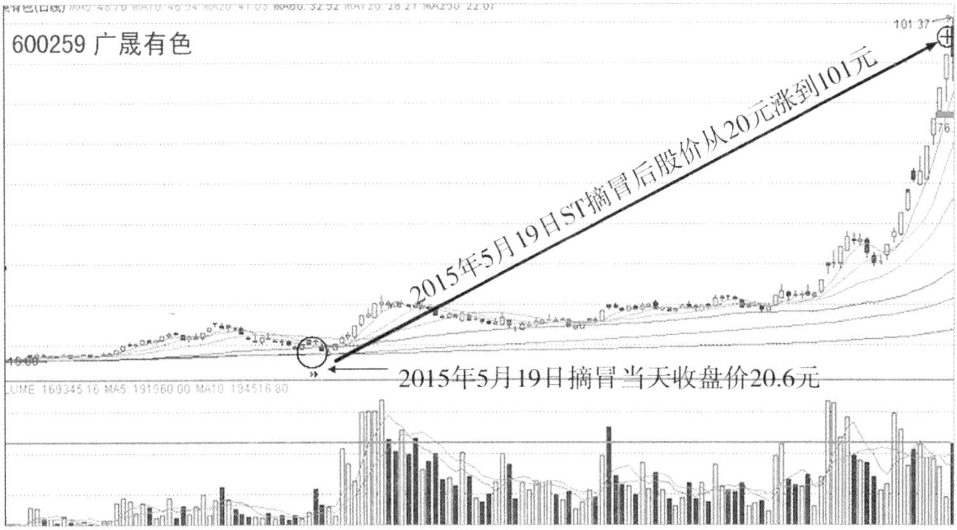

图 2-9　广晟有色（600259）　日线图

股价从 20 元涨到 2010 年 10 月 18 日最高价 101 元。短短的 5 个月股价翻 5 倍，见图 2-9, 本次股价短期飙升与当初市场题材炒作也有关，这种过度透支预期的个股，短期内需要回避不宜参与。

（六）资产隐蔽型

此类公司隐形资产一般是土地，房产、和地下储存矿产。股票实际资产会大于财务报表所公布净资产，例如深康佳（000016）、沙河股份（000014）、华发股份（600325）。比如康佳，虽然电视机产量所占市场份额不大，但公司拥有大量囤积土地，而这些土地入账时价格和现有价值翻了好几倍。但账面上的数据还是按原有的价格记账。投资这类股票想得到巨额回报，至少需要等到这些资产变现,这就要考验投资者的耐心了。要挖掘此类型的公司股票，需要查看公司的资产负债表,对当地城市发展规划有所了解,才更具有确定性。

四、价值趋势投资理念

（一）价值和价格的关系

要读懂价值趋势投资理念，首先要明白价值和价格的关系，关于这一问题很多投资者了解并不深，比如——《中国特色投资者》这本书售价只是材料和印刷工本费，作为知识的载体物体本身没有多大价值，其价值的来源在于书中承载的知识，所对应的价值就无可估量了，这就叫书费有价，知识无价。如果投资者领悟到书中奥妙，那就是一辈子的财富。读者只需支付几十元钱，得到的价值回报是投入本金的 N 倍，因此，本书的价格就是严重被低估，这一举例也解答了投资者心中对价格高估与低估的疑问。所以购买本书就是一种非常明智的价值投资，恭喜购买本书的读者朋友们！阁下已进入了价值投资的门槛。价值和价格的关系，不但是价值投资的核心，也是价值趋势投资理念重要部分，两者之间相同之处和不同之处会在后面章节进一步讲述。

同样，作为虚拟资本的载体有价证券本身并无价值，其交换价值或市场价格来源于其公司未来产生收益的能力。它们的价格运动形式具体的表现为：

（1）其市场价值同证券的预期收益和市场利率决定，不随职能资本的价值变动而变动。

（2）其市场价值与预期收益的多少成正比，与市场利率的高低成反比。

（3）价格波动，既决定于有价证券的供求关系，也决定于货币的供求关系。

（二）市场价格

有价证券的市场价格，是指该证券在市场中的交易价格，反映了市场参与者对该证券价值的评估，根据产生该价格的证券交易发生时间，通常将其区分为历史价格，当前价格和预期市场价格。一个自由竞争的市场股票价格反映了关于该股票所有的信息；已知的、深信不疑的，猜测的，希望的或是担心的，聚集了所有人的态度以及观点，而任何时候所表现的价格只是代表买卖双方力量对比的结果。

（三）内在价值

是一家公司在其存续期间可以产生现金流量的贴现值。其计算方法涉及很多方面，是一个估计值，并不能做到很精确的一个数值，往往投资者是因预期价格上涨而买入股票，因预期价格下跌而卖出股票。投资者常常会提出这样的问题：“这个价格买（卖），是不是合算，这个股票值多少钱？”。换言之，投资者心理上会假设证券都存在一个“由证券本身决定的价格”，投资学上将其称为“内在价值”（Intrinsic Value），这个概念有两层含义：

（1）是一个相对“客观”的价格，由证券自身的内在属性或者基本面因数决定，不受市场短期供求关系，投资者情绪波动影响。

（2）市场价格基本上是围绕着内在价值形成的，套用20世纪有名的犹太人投资者科斯托兰尼（Andre Kostolany）的妙喻，价格与价值之间的关系犹如“小狗与牵着它的主人一般。小狗前前后后地跑，尽管不会离主人太远，但方向未必一致。

现代金融学关于证券市场估值讨论，基本上是运用各种主观的假设变量，结合相关金融原理或者估值模型，得出某种“理论价值”，并认为那就是证券的“内在价值”。这种理论指导下，投资行业简化为以下两种情况：

当市场价格 < 内在价值时：价格被低估→ 买入证券

当市场价格 > 内在价值时：价格被高估→ 卖出证券

由于每个投资者对证券“内在”信息掌握并不相同，主观假设对未来的市场利率、通货膨胀率、汇率等不一致，即使大家都采用相同的计算模型，每个人算出来的内在价值也不一样。

什么叫价值趋势投资理念？就是价值挖掘和趋势相结合的投资理念，简而言之就是基本面和技术面相结合的投资理念。具备以下两种情况才符合：

第一，股票的价格偏离其内在价值，被市场低估所形成的趋势，通常也叫价值洼地。

第二，该公司经营得到了改善、预期发生改变，或者重组、并构；股价反应在二级市场所形成的趋势。人类社会物质精神文明的进步所产生不可阻碍的趋势，或者新事物，（如当今的互联网、电子支付等）。只有在这些情况下所形成的趋势，才符合价值趋势；行情才能延续，翻倍大牛股往往会在这些情况下产生。

总之，一只股票未来的价格走势，长期而言是由该股的内在价值决定，短期是由市场多空力量所导致！股票价格并不是通过对预期风险进行精确的数学计算得出来的，而是依靠该股在市场中的受欢迎程度。在大多数情况下，投资者所能得到的投资回报，应该和企业在这个期间内所能得到的收益同步。

五、如何评估公司股票价值

对一只股票的内在价值进行评估，是投资者规避风险重要的防火墙。是获取投资成功的核心要素。

当投资者买入一家公司股票后，实质上相当于拥有这家公司的部分股权，格雷厄姆说过：“典型的普通股投资者是企业家，对他而言，用评估私人企业同样的方法，去评估任何其他的上市公司似乎理所当然的做法。”投资者常用市盈率来进行评估一家公司的股票，下面谈谈市盈率。

（一）市盈率含义与计算方法

每股市价与每股收益的比率（price/earnings ratio）或“**市价盈利比率**（简称**市盈率**）”。也称为本益比（p/e ratio），市盈率的倍数（Price-earning mutiple），简称为（P/E），行情交易软件 K 线图右边都有显示每只股票的动态市盈率（PE）。

计算公式：

$$P/E\ ratio = \frac{Price\ per\ Share}{Earnings\ per\ Share}$$

由股价除以年度每股收益（EPS）得出。计算时，股价通常取最新收盘价。而EPS方面，若按已公布的上年度EPS计算，又称为历史市盈率（historical P/E）；计算预估市盈率所用的EPS预估值，一般采用市场平均预估（consensus estimates），即追踪公司业绩的机构，搜集多位分析师的预测所得到的预估平均值或中值，何谓合理的市盈率没有一定的准则。

假如我们看到A公司市盈率是10倍，计算方式是用股票当前价格（假如6.9元）除以在一个考察期内（通常为12个月）或者前一个年度每股收益（假如0.69元），用6.9除以0.69得出这家公司的市盈率为10倍。这种算法叫静态市盈率，下面给大家讲动态市盈率。

市盈率可以看作是一家上市公司获得收益，可以使投资者收回最初投资成本所需要的年数，前提是要假定公司每年的收益保持不变。假如A公司当前股价6.9元，你用69000元买了10000股，目前该股年报每股收益为0.69元，那么你买入的10000股一年后应获得分红收益为含税6900元。（这里并不是股价涨幅差额，不提取资本公积，理想中的分配方案）按这样计算最初投入的6.9万元则需要公司10年才能收回。年收益的10倍也就是这家公司的市盈率。如果A公司能存活10年，而且每年每股收益0.69元保持不变才可以，如果A公司年每股收益0.1元，那么就得需要69年。你就得想想自己还能不能再活69年，再说你活到69年后才收回投资成本，这笔资产对你还有多大的意义。另外还得对这家公司做评估，能不能存活69年。如果你想尽早收回投资成本，那么就要看这家公司未来业绩是否增长，或者说该公司的预期是否得到改变。

如果你购买一只股票股价是收益的5倍，（即市盈率为5倍），那么5年后你就能获得公司收益赚回最初的投资，如果一只股票股价是收益的80倍，你就得等待 80 年，才能获得公司收益赚回最初的投资，这回你真得把股票留给你孙子了。就按这一理论，通常投资者应选择低市盈率股票。为什么有些人愿意去买几十倍、甚至上百倍市盈率的股票？是因为那些投资者愿意拿钱去“赌”公司未来的收益状况将会得到大大的提高。或者说该公司的经营状况已在改善，预期股价会上涨，赚取股价的差额。

根据公式：PE=Price /EPS, 只要收益改变，PE 也就改变。还有些投资者只愿意在很低的市盈率去买某些公司的股票，是他们认为那些公司的发展前景值得怀疑。笔者在与投资者交流中经常会被问道,市盈率高的好还是低的好，这个问题要根据个股来定，并不能一概而论。市盈率高低与股价未来的涨幅并不成正比，也不成反比，就像每个人的高矮与能力不会有任何关系一样的道理。

市盈率也是判断公司股票价格是高估、合理，还是低估的指标之一。用市盈率衡量一家公司股票质地时，并非总是准确的。一般认为，如果一家公司股票的市盈率过高，那么该股票的价格具有泡沫，价格被高估。

从长期市场总结来看，缓慢增长型公司的股票市盈率最低，而快速增长型公司股票市盈率偏高，周期型公司股票市盈率在这两者之间，公司亏损严重而股价被市场炒作的个股市盈率高得离谱，就像 2007 年的“市梦率”。如果按这一推理大概的规律，公共事业类：8~12 倍，稳定增长型 12~15 倍，快速增长型根据公司的增长速度有可能会更高，多少倍才算是高估这就要视情况而定，笔者建立了一套可靠的评估方法也就不便在书中陈述。总之，不能拿两个不同类型的股票做比较。可以行业相同收益相近的个股做比较，所以有些投资者只会买低市盈率的个股，笔者认为没有任何意义。

（二）动态市盈率

通常所指市盈率是静态市盈率，但我们更应去研究动态市盈率。用静态市盈率去评估股票，会给投资者的决策带来许多盲点和误区。静态市盈率是用过去的 EPS 算出来，并不能说明未来，我们投资股票更多的是看未来！行情软件上的动态 PE 在算法上存在着一些缺陷。算法是：如果公布的一季报 EPS，就用现价 /（EPS*4），如果是中报的话，就用现价 /（EPS*2），如果是三季报的话，就用现价 /（三季报 EPS），如果是年报就用现价 /EPS。如果未来公司的收益会增长，或者下降这种算法就会有严重偏差。

具体如何分析静态市盈率、动态市盈率？如果一家公司具有投资收益，导致该年静态市盈率显得相当具有诱惑力；或者是该年部分资产变现获取了较大的转让收益等，对于一些本身规模不是特别大的公司而言，都完全有可能大幅提升其业绩水平，但这些由非经营性收益带来的突破增长，我们需要辩证地去看待。

非经营性收益给公司带来的高收益，短期而言这是好事，对公司无疑有振奋刺激作用，但这样的收益具有偶然性、不可持续性。所以这样得出来的市盈率更不能看作股票被高估或者低估的指标。如果你不会算这些数据，你只要记住一条，千万不要买市盈率特别高的股票，只要你坚持这原则，你就会避免巨大的亏损。如果一家公司的市盈率特别高，那么未来公司收益必须保持令人难以相信的高速增长，才能保持投资者为其过去支付的股价。

这里举一个因高市盈率股价大跌的例子，精诚铜业（002171）在 2011 年被市场炒作市盈率高达几千倍，此后股价从最高价 23.9 元跌至 5.91 元，见图 2–10。

图 2-10 精诚铜业（002171） 周线图

股价跌幅近 75%，这是用股价直接下跌的方式来寻找对应的价值。就算是该公司以后经营得到了改善，也无非是填补被透支的股价，如果 2011 年市盈率那么高的情况下把资金投入这样的个股，损失将无法估算。

（三）市场整体市盈率

一家公司股票市盈率并非是独立存在，而是相互依存，所有上市公司的股票组成了一个整体，股票市场本身也有一个自己的市盈率。市场整体市盈率对于判断市场是被高估还是低估是一个很好的风向标，目前 A 股市场上做参考的是：1~13 倍被低估，14~20 倍正常水平，21~28 倍是高估。银行股是 A 股市场上重要的主体部分，当你发现一些银行股价格相对于收益水平明显上涨到非常不合理的高度时，那么就是股市暴跌的前兆。2007 年 6124 高点之前一直持续着这种势态，而市盈率也在历史的高点，当时有些专家还称之为合理水平，害死多少人，真是个悲剧！我们还能在网上找到相关文章，下面是笔者收藏某报刊发布于 2007 年 5 月 15 日关于银行股报道的一篇文章，这里不带有任何指责色彩，前面讲过总结才是成功之母，得学以致用才行。内容如下：

2007年一季报数据显示：银行股估值仍在合理区域

来源：　证券日报　发布时间：　2007年05月15日 11:40　　作者：

交行作为第五大国有银行所具有的强势资源，及其兼有世界最大跨国银行之一的汇丰银行作为战略投资者的背景，其今日上市，将重构银行板块格局。而分析已上市银行2007年一季报的数据，呈现出如下几个特点。

以昨日的收盘价为准，8家银行的市盈率分别为：民生银行收盘价14.44元，市盈率33.21倍；浦发银行收盘价29.26元，市盈率32.57倍；S深发展A收盘价27.85元，市盈率25.32倍；招商银行收盘价22.16元，市盈率33.09倍；华夏银行收盘价13.51元，市盈率31.16倍；兴业银行收盘价30.17元，市盈率26.77倍；工商银行收盘价5.75，市盈率25.67倍；中国银行收盘价6.13元，市盈率29.02倍。

虽然从绝对数字比较看，银行A股估值明显高于国际市场同类股票，但结合高成长性、税改、人民币升值等因素看，目前其估值仍处于相对合理水平。有研究报告认为，未来两年宏观经济持续向好，而银行拨备覆盖率都已经相当高，有几家银行已经超过100%，未来计提拨备下降有望推动业绩迅速增长；两税合并和工资抵扣带来实际所得税率继续降低，银行业绩快速增长相对确定。

以上是某位专家发布于 2007 年 5 月
15 日某报刊关于银行股点评

上面清楚的记录了当时一些银行股的市盈率，比如：招商银行 33.09 倍，民生银行 33.21 倍，浦发银行 29.26。银行股普遍性市盈率已高估，从而带动整体市场被高估，后面的暴跌行情就顺理成章了，股价用直接下跌的方式来寻找它对应的价值。银行股这几年经营业绩和 2007 年相比并没有发生多大的变化，而将同期收益和现在（2012 年）股价对比，你就会知道怎样才算合理水平了。

（四）市净率的计算方法与含义

市净率（P/B）也是市场常用的估值方法，它是用每股市场价格除以每股净资产，计算公式为：

$$市净率 = \frac{每股价格}{每股净资产}（倍）$$

上述公式中净资产又称账面价值，是指每股股票所含实际资产价值，是支撑股票价格的物质基础。也代表公司解散时股东可分得的权益，通常被认为是股票价格下跌的底线。公司内部积累越雄厚，抵御外来因素影响力就越强。因此，市净率反映的是相对于净资产，股票当前市场价格是处在较高水平，还是较低水平，市净率越大，说明股价处于较高水平，市净率越小，说明股价处于较低水平。

低市净率的股票相对比高市净率的股票具有更多的安全边际，但也是要分行业和公司，一般来说市净率较低的股票，投资价值较高，相反，则投资价值较低。市净率通常用于考察股票的内在价值，多为长期投资者使用，市盈率常用于考察股票的供求状况，更为短期投资者所关注。

笔者也经常会被问到为何市盈率高得离谱的股票天天涨，市盈率低的股票反而不涨呢？有些高市盈率股票涨势超出大家意料，那是因为短期概念炒作。或者是因为公司实际经营得到了改善，业绩还未兑现在财务报表上，投资者看好公司的预期收益。而市盈率低的股票不涨，那是因为投资者不再看好该公司的发展前景。对于短线投资者来说，偏重于本书后面讲的技术分析，市盈率 / 市净率则为中长线，大资金投资者选股参考的指标之一。

六、读懂重要财务指标选牛股

笔者创导的价值趋势投资理念以价值定为基础，而最能体现股票价值的地方就是财务报表，这一章节内容，无论是对新三版股权投资（PE），还是二级市场股票投资，都具有重要的意义，所以投资者需要懂得分析财务报表。

（一）财务报表是选股的重要依据

财务报表就好比企业的体检表，是寻找公司内在价值的最重要依据，通过研究分析财务报表，能分析企业的资产结构，反映企业经营成果、了解企业经营状况是否正常，经营能力的强弱，可持续发展的能力如何。还可以诊断企业财务健康状况，如偿债能力、风险隐患、负债状况等。能准确地预测公司未来的经营策略。有效评估企业未来的投资项目，以及制定企业未来的资本结构，利润分配政策。很多投资者因为不懂财务知识，不懂运用财务指标去评估企业，从而错过了一个又一个的翻倍大牛股；或者因为不懂分析财务报表，把资金投入一个经营严重亏损的企业最终血本无归，这一章节内容将会给广大投资者带来些帮助。

公司财务报表主要所包含的以下几个部分：

资产负债表：主要反映是企业资产结构最重要的部分。

利润表：衡量企业经营效益的重要依据。

现金流量表：评估企业能否持续存活或竞争的核心工具，是企业资产、负债表和利润表的有效补充，能够真实反映企业资金链条。

所有者权益表：是说明管理者阶层是否公平对待股东的重要信息来源。

笔者无法把所有财务指标都在这里一一讲解，如果那样的话就成了一本财务专业书。巴菲特说过：“如果股票投资者只强调对公司的财务数据的数学分析，并不能保证投资成功，否则会计和数学家就是股神了”。本书讲解的是行情交易软件上财务简报内容上常用指标，这样更简单实用。

（二）资产负债表里的负债率

负债率的高低应根据行业性质来定，一家优秀的企业负债率会控制在一个合理的范围内。一般地产行业资产负债率比其他行业高，因为地产业在商品房没有出售之前，地皮都抵押给银行贷款用于项目开工。地产业存货流动性是非常强，价值也相对稳定，而当房子建好销售后，负债率又会马上降低。

负债可分为短期负债：（即债权人提出要求偿还时必须马上偿还的负债）。这种负债的债权人不一定是银行，也可以是一家公司采用商业票据的形式向另一家公司进行的短期借款。短期负债的重要特点是期限短，有时甚至是对方通知就得马上还款，这就意味着一旦借款方出现困难，短期负债的债权人就有可能马上要求归还借款。如果借款人不能履行，还将追究质押或担保人的连带责任，如追溯未果，将进行强制执行措施，向法院申请破产保护。在完成破产清算后首先缴纳所欠税款、支付公司所欠员工的工资，然后才偿还借款，如果不足于偿还借款，股东们一分钱都不可能拿到。

另一种就是长期负债：由过去的经济活动引起的，能以货币计量的，偿还期在一年或者超过一年营业周期以上的负债。常见的长期负债是长期借款、公司债券、住房基金和长期应付款等。这类负债对股东来说是稍好一点的负债，债权人不能马上收回借款，无论是借款人经营情况多么糟糕，只要还能继续支付利息，债权人就不能要求提前归还本金。如公司经营困难时，长期负债可给公司提供了充裕的时间，来解决问题从而走出困境。一般在公司年报会备注长期负债的种类，应付利息和到期日。

在公司危机时，决定公司存亡的是负债的性质和负债的数额。我们以国内最典型的因债务危机而破产消失的公司为例，在中国 20 世纪 90 年代非常流行 DVD 影音播放机，当时最大的品牌叫爱多 DVD，1995 年 8 月成立广东中山，1996 年 11 月爱多公司邀请国际著名影星成龙为广告代言，1997 年 7 月获国家统计局颁发的“全国城市市场占有率第一”荣誉称号。同年 11 月以 2.1 亿标价击败所有竞争对手勇夺 CCTV98 标王。1998 年 10 月爱多集团成立，1999 年 4 月 17 日爱多危机正式爆发。

仅仅用了四年左右的时间，“爱多 DVD”红遍大江南北，一度成为中国家电业最成功的品牌之一，爱多公司也成了当时民营企业光辉典范。爱多的发展曾创造了中国家电行业发展史的奇迹，这个奇迹很快从辉煌走向破灭；一个企业从兴起到衰落所经历的时间如此之短，实在让人不易理解。当我们研究爱多的发展史，总结其经验教训时却会发现，爱多的成功只是偶然的，但失败却是一个必然。爱多的命运紧紧地与其领导人胡（某）标的成败联系在一起，胡（某）标在企业经营管理上的缺陷，使爱多的失败难以避免。

胡（某）标没有受过任何现代企业管理教育，根本不重视企业财务制度的建设。由于他通过一系列别出心裁的策划活动，带动了爱多飞速成长，于是就依赖于通过各种各样的策划来推进企业的发展。但因为缺乏制度层面的保障，使得企业运营变得越来越混乱。胡（某）标后来说过："公司后期管理非常混乱，大部分广告费都交给总代理去操办，到底有多少落到了实处，我也不太清楚，因为大家都是凭发票报销。"曾有爱多内部人士透露，在管理混乱的时候，爱多员工吃回扣的现象很严重，甚至把货款私用或携款潜逃的事也多有发生。胡（某）标倾向于对企业实行人治，凭着自己极其有限的经验来管理企业焉能长久？事实上，很多企业失败之前征兆都表现在财务管理上。比如巨人集团、三株公司都是财务危机而导致走向灭亡。

"爱多"失败的重要原因：

（1）资金链的断裂：资金链危机直接导致了"爱多"危机，"爱多"的资金链是代理商预付款、供应商赊销、银行贷款等构成，在"爱多"如日中天的时候，大量的预付款从市场一线打回，资金运转很好。但是当市场销量下降时，"爱多"没有储备一定的风险准备金，老板他根本不清楚自己到底有多少钱。

（2）市场的变化："爱多"从一开始就走了一条粗放型的发展之路，由于企业扩张太快，财务实力跟不上。大家更多着眼点是要开拓市场、塑造品牌，那就是大量资金花在做推广甚至不惜巨资做"标王"。在行业竞争不够激烈，行业利润率比较高的情况下，这种模式短期内能够取得很好的效果，但是当行业变得竞争激烈、利润率下降的时候，这样的模式就只能毁掉自己的资金链。

（3）管理的混乱：最典型的表现是危机发生后"爱多"有价值近两个亿

的原材料库存竟然生产不出产品，原因是不配套，可见其采购环节的混乱。

终合上面几点内容，爱多公司运营资金可以说完全是借贷资金，这种资产负债结构在公司经营发生危机时，供应商追货款，银行追讨贷款，客户要退款，这些因素足以让一家公司破产倒闭。如果是一家上市公司负债比例过大，任何经营上的风波足于打动投资者的持股信心，从而引发二级市场股价暴跌。

资产负债表分为左右两部分，左边所列的是资产项目（货币资金、存货、应收账款、厂房、和设备、资产总额等），右边所列的是形成资产的资金来源，即负债和股东权益项目，确定一家公司财务实力最有效方法，就是比较资产负债表的右边负债与股东权益比大小。

如果公司财务实力雄厚，一般股东权益应占 70% 以上，负债低于 30%，2012 年贵州茅台年报总资产是 4,499,820.90 万元，负债总额 954,417.76 万元，资产与总负债的比例是 21.21%. 股东权益占 78.79%, 而贵州茅台资产负债率一直维持在 20% 以下，所以从资产负债表就可以看出茅台的财务实力非常强大。相反，如果一家公司的资产负债率 80% 以上，股东权益占 20%，那么这家公司的财务实力就相当弱，经营非常困难。当然这也要根据行业来定，比如银行、地产等资本密集型行业就不能用这个标准来衡量。

在通常情况下，多倍大牛股都是财务实力非常雄厚，比如酒鬼酒，从 2008 到 2012 年资产负债率在不断地减少，股东权益不断增加到 80% 以上，这是公司业务兴旺的重要信号，如果相反，则表明公司的经营情况进一步恶化，笔者在 2012 年 1 月份持股酒鬼酒，其中一个非常重要的因素就是看到资产负债表不断地改善，当 2012 年 11 月份酒鬼酒质量危机爆发后，公司并没有因此而破产。只是股价下跌，这就是财务实力雄厚才能做到，这充分证明公司在面临危机之时，最终决定公司命运的是负债的性质和负债比例，而不是其他因素。笔者持仓到 2012 年 7 月份就分批卖出，为何笔者会在 7 月份卖出能顺利逃顶，后面趋势篇会进一步讲解。

一家优秀的企业负债率往往会很低，投资者在选择股票时一定要选择那些负债率低的公司，公司负债率越高，投资风险就越大。负债越高的公司其利息支出也就越多，这些财务成本会直接吞吃公司的净利润，直接损害到企业所有者利益，影响公司内在价值的增长。其财务费用的支出占营业收入比率越低越好，当然这里要根据行业来定。总之，在通常情况下负债率越低越好。

在选股中还应避免选择多元化经营的公司，因为多元化的经营，分散了管理者的精力和财务实力，往往是多元恶化的结局。资产负债表中应收账款的性质，在某种情况下决定公司的存亡与负债率具有同等影响力。有些竞争激烈的行业，企业为了抢占市场，把大量货赊销给客户，造成大量的应收账款，在经济危机时，这些应收账款不确定因素就太多，2008 年经济危机时，这样的事例出现很多。另外，流动比率，速动比率这几项也非常重要，笔者就不在这里一一讲述了。

（三）通过利润表透视企业的发展

利润表也叫损益表，通过利润表分析可以看出这个企业是否能够创造利润，是否有持久竞争力，还可以分析出该企业获得利润的方式，是否需要大量的研发才能保持竞争力，是否通过财富杠杆来获取利润，通过挖掘利润表中的这些信息，可以判断出这个企业利润增长原动力，对于一个具有持续竞争的企业来说，利润的来源比利润的本身还重要。

确保公司竞争优势的关键是毛利润

毛利润是指总销售收入减去产品所消耗的原材料成本，和制造产品所需要的成本。不包括企业经营费用（销售费用、管理费用和财务费用等）。例如某商品不含税售价为100元，原材料成本和制造产品所需要的成本70元，该产品毛利润30元。毛利率是指毛利润与营业收入的百分比，用公式表示为:

毛利率 =（营业收入 – 产品成本）÷ 营业收入 × 100%

毛利润的高低是一家企业在同行业中是否有竞争优势重要的参考指标，只有毛利润率高的公司才有可能拥有高净利润，投资者在选择个股是否有长期竞争优势时，毛利率可以作为参考的依据。

笔者在2009年选择古井贡酒这家公司股票时，有一个重要因素就是这家公司毛利率持续几年一直达70%以上，而在同行业中，酒类板块能持续几年时间高增长的企业相对不多。下列数据是古井贡酒利润表：

利润总额（万元）	41166.88	97242.71	85007.49	40881.15
所得税（万元）	10405.27	24683.78	28368.46	9505.39
净利润（万元）	30761.61	72558.93	56639.03	31375.76
销售毛利率（%）	69.14	70.91	73.97	71.15
主营业务利润率（%）	25.94	22.72	25.26	21.19
净资产收益率（%）	8.36	21.50	20.51	29.90

笔者在2012年持股长城汽车，在分析公司财报时发现，该公司毛利润率不断地增长，同时主营业务利润率也在增长，虽然26%左右的毛利率不算高，但是在汽车行业竞争激烈的市场，该公司能做到这个标准已不错了，证明公司产品．和营销能力在同行业中具有优势。下列数据是长城汽车2011—2013年利润表。

利润总额（万元）	2290.22.25	684103.63	413065.13	304123.52
所得税（万元）	39203.13	111896.50	61999.84	21415.14
净利润（万元）	189634.12	569244.90	342619.51	2700073.46
销售毛利率（%）	28.11	26.87	24.91	24.74
主营业务利润率（%）	17.78	15.43	13.33	12.91
净资产收益率（%）	8.10	26.46	20.47	26.97

毛利率根据行业不同而标准不同，如果整个行业平均毛利率在19%以下，那么这种行业没有太多投资的价值，处于高度竞争的行业。只盯着毛利率指标来选股有时也会被误导，有些公司毛利率非常高，但公司的利润被研发费、销售和管理费用、前期固定资产投资过大等长期待摊费用而消耗，也同样影响公司业绩。下面我们来讨论下利润表中费用的比例标准。

营业费用（即销售费用）：

公司在运营过程中产生的营业费用的多少直接影响公司的长期利润。营业费用是指企业在销售商品过程中发生的各项费用，以及为销售本企业商品而专设的销售机构的经营费用（含销售网点、售后服务网点等），商品流通企业，在购买商品过程中发生的进货费用也包括在营业费用之中。具体包括以下几个方面内容：

①产品自销费用；②促销费用；③销售部门的费用；④委托代销费用；⑤商品流通企业的进货费用。

笔者这里给大家注明下，销售部门的费用：一般指为销售本企业商品而专设的销售机构，（含销售网点、售后服务网点等）的职工工资及福利费、类似工资性质的费用，业务费等经营费用。我们值得注意的是：企业内部销售部门属于行政部门，所发生的经费开支，不包括在营业费用中，而是列入管理费用。投资者在看简报中，可以把经营费用看成销售费用。

管理费用：

如果是科技型企业前期的研发费用，一般计入公司管理费用，这项费用不可小视，因为大量的研发费用也同样会吞吃企业的利润，这类公司是把未来的发展前景都押在技术和专利上，研发成果一旦出现技术上的灾难，就很可能走向长期衰退，比方说重庆啤酒这样的公司，投资者一直梦盼着乙肝疫苗研发成功，2009—2011 年以乙肝疫苗科技项目为题材股价上涨 10 倍，可最终宣告失败，公司股价从 83 元跌至 12.58 元，其虚高股价得不到炒着概念落地的支撑，最终回到了原点，A 股股市类似这样的黑天鹅事件很多。

还有一些企业是靠专利技术和不断研发新产品，才能维持公司市场竞争力。比如生物医药行业，我们经常会在公司经营范围里看到，某专利有效期，批准文件有效期等，一旦这些特权过了保护期限，这些竞争优势就消失了；再比如目前的石墨烯概念股，其石墨烯产品的应用到形成产业化还需要很长一段时间，期间需消耗的研发经费无法计算，会直接吞食公司利润。所以我们在选股过程中，应避开那些研发费用过高的公司。

一家出色的公司经营费用和管理费用会控制得非常好。投资者在选股过程中，应远离那些销售、管理费用高的公司，这类费用占的比例越低越好，如果要定标准的话，一般占毛利润的 30% 以下为比较有优势。只有懂得严格控制销售费用和一般管理费用的企业，才能在激烈的市场竞争中胜出，从而实现公司价值的增长推股价上涨。

财务费用：

财务费用占比重最大的就是利息支出，其实这点在前面资产负债表中已讲过，只有高额负债的公司财务费用支出才比较大，负债轻的企业这项费用的支出不会太大，优秀企业财务费用的支出一般占营业收入 5%~10%，根据行业不一样，这个标准也不一样。资本密集型，竞争大的行业，可能要高达 40%~70% 用于利息支出。另外，利润表里的投资收益和经常性损益也是非常值得关注的事项。

（四）现金流量表的秘密

现金流量表：是指企业在一定会计期间按照现金收付实现制，通过一定的经济活动（包括经营活动、投资活动、筹资活动和非经常性项目）而产生的现金流入、现金流出及其总量情况的总称。

即：企业一定时期的现金和现金等价物的流入和流出的数量。分为三类：

（1）经营现金流量指直接进行产品生产、商品销售或劳务提供的活动，它们是企业取得净收益的主要交易和事项。

（2）投资现金流量是指长期资产的构建和不包括现金等价物范围内的投资及其处置活动。

（3）筹资现金流量是指导致企业资本及债务规模和构成发生变化的活动。

经营现金流量 = 税后净经营利润 + 折旧 + 无形资产摊销 =

（营业收入 − 付现成本）×（1− 税率）+ 折旧 + 摊销

现金流量表是价值投资现金流贴现估值模型重要参考依据。对于现金流贴现估值模型笔者很少用，因为笔者有自己独创的一套价值趋势估值模型。但从现金流量表可以看出是否是一家优秀的企业。如果一个企业能够不依靠持续资金的投入和外债支援，只靠运营过程中产生的自由现金流就可以维持现有的发展水平，那么这样的企业值得我们考虑，也只有这样的企业在经济低迷时期才有可能在行业中胜出。

七、价值趋势投资组合与资金管理

（一）资金管理的用义

由于证券市场存在系统性风险和非系统风险，构建有效的投资组合可以规避非系统性风险，但无法规避系统性风险。虽然马可维茨（Markowitz）于1952年开创了以均值方差法为基础的投资组合理论，这套理论也只能是规避非系统风险。账户上资金犹如你的作战团队，每个投资者都是个统帅，每一分钱都是你的士兵，如何科学用兵才是首要任务。要学会调兵遣将，何时出兵何时撤退，所以资金管理是控制风险的最后一道防火墙。

（二）分散投资与集中投资的差异

长期以来在分散投资与集中投资两派投资顾问之间一直存在争论。以杰拉尔德·洛布（Gerald Loeb）为代表的一派观点是“把所有鸡蛋放在一个篮子里”，以安德鲁·托拜厄斯（Andrew Tobias）为代表的一派的观点是“不要把所有鸡蛋放在一个篮子里，因为这个篮子可能有漏洞”。

笔者认为两者之间各有利弊，分散风险的同时也分散了收益。投资组合的设计还是需按实际情况来定，如果我持有的股票类似2002年–2013年行情的云南白药（000538）、2011—2013 年行情的长城汽车（601633）这样的股票，那么我非常愿意把所有资金投到这样篮子里去，要寻找多少个这样的篮子，需要根据资金大小来定，如果是中国神华，中国石油那样的篮子，那么我一股都不会放进去。因为那样的篮子无论你有多少资金放进去都会漏完。关于持股的种类的多少，除了要考虑资金大小来分配外，最重要的是调查研究好每一只股票的可靠性，比方说配备一些持续高增长型，防御型个股，这样才能做到风险最小化。笔者认为如果你对买入的股票有充分的把握，集中投资是获得巨大收益的良好途径，分散投资在分散风险的同时也会分散收益。凡是不敢重仓持有的股票，从心理上来讲，无非就是你对投资标的没有胜算把握，既然对购买股票没把握，那就一股都不要买，只做有把握的行情，只做有胜算的个股，免得坏了投资习惯。

有些中小投资者买入一大堆股票，造成这个股赚钱那个股亏损，这种所谓的分散投资，笔者认为是一种非常愚蠢的做法。但是把不同行业的股票做适当的战略性的布仓还是可以的，这也是一种规避投资风险的方法。因为国家政策对行业的倾斜力度，会影响资金对热点的偏好，这样还可能买到短期暴发性大牛股。

（三）价值趋势投资组下的资金管理

价值趋势投资理念仓位布局特点是：战略配置 + 战术调整。所谓的战略配置是用总资金 40% 买入持续增长型的股票，30% 资金买入防御型个股或者稳增长类型股票，30% 备用资金作为机动调整，笔者称之为 433 资金管理法则，见图 2-11。在战略配置的基础上进一步做战术上的调整，在增厚利润垫和安

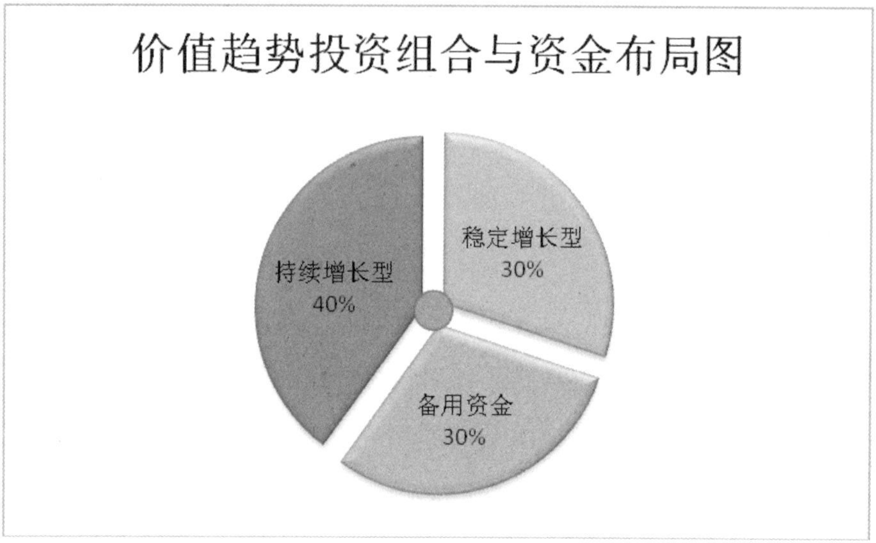

图 2-11　价值趋势投资组合与资金布局图

全边际的基础上递增式加仓，达到降低风险之目的。

这种布局关键点是买入时价值趋势已形成，30% 的资金是作备用；因为尽管你已经用了最大的努力在买入前进行研究分析，买点也确定，但如果突发利空信息，市场短期波动就有可能影响到你所持个股下跌，所以用余下的 30% 资金进行补仓从而降低买入成本。直到短期内行情上涨到一定高度，从技术角度来分析股价面临回调时，再适当地减仓，做到随时有备用资金。这样布局既做到利润最大化，又规避了投资风险。

（四）如何利用资金杠杆做投资

1. 资金杠杆的原理。

在物理学上通过借力原理发明了滑轮，只要利用很小的力量就可以拉起超过自身一倍重量的物体。在投资市场也同样可以利用杠杆原理把自己的本金放大投资，但这里必须要注意其中的风险并能做到有效控制。

穷人的理财方法是往银行里存款，富人却是向银行贷款。富人拿着银行的钱去赚钱，穷人还是用着原有的方法在赚钱，结果穷人越来越穷，富人越来越富。出卖廉价劳动力是最原始的赚钱方式，是做了金钱的奴隶；有超前商业眼光、有胆识的商人都是以钱赚钱，这才是实现财富最快捷的渠道。从投资角度上来分析，只要你的投资回报率远远高于融资成本，就可以放手去融资，这样会使你的自有资产起到四两拨千斤的效果，所获得的回报将远超越市场平均收益率。

2. 投资收益必须远大于资金成本。

懂得利用杠杆，不但可以提高投资力度，大大地提高了资金回报率，但是杠杆投资不仅需要良好的心理素质，更需要保持杠杆的平衡技巧和能力，在使用杠杆前必须要确认投资收益远大于资金成本。

比如说，你的年投资收益率为30%，那么你的资金成本应控制在8％才是安全的。目前能做到这个利率的资金来源只有银行，要么就是信托资金。这两个渠道是最合适的选择，不需要欠对方人情，又相对守信，也不需要提前还款，除此之外其他的资金渠道成本会很高，民间性质的其他信贷配资公司，就需要投资者自己去衡量风险了。

另外，多少倍数的杠杆才合适，这个问题因人而异，取决投资者本身的技术水平和市场行情，杠杆倍数越大风险相应增大。一个稳定盈利的投资理念，外加稳定的市场行情杠杆可以做大些，如果投资者能熟练运用价值趋势投资理念，就完全可以做资金杠杆；当然，不能做到稳定盈利的投资者最好不用杠杆，否则后果不堪设想。

3. 做资金杠杆前需要做风险评估。

谈到“金融大鳄”——乔治·索罗斯（George Soros）的投资成功，重要的一个原因就是他利用了杠杆原理，他的经验告诫投资者:“第一，不要怕冒险，第二，冒险时不要押上全部家当”。这就是说投资者在做杠杆时，不能用上全部资产，可以拿出一部分资金来做。这一点对生活在“负翁”时代的中国个人投资者非常重要，因为目前大多数中国人都是“房奴”，几乎都是贷款购买的房子，如果把手上的资金全部押上，一旦市场行情出现不可预测的逆转，很容易造成资金链断裂，后果非常严重。这里关系到个人负债比问题，也就是个人资产与负债之间的比率，比较安全为 30% 左右。根据个人收入来源的稳定性来定最大限度 50%，当然，这个数字当然越小越好。

另外一个衡量指标是还贷比率，即每月的收入与贷款之间的比值。因为房贷是按月还款，如果你每月应还款额超过收入的 50% 以上，那样的经济状况根本没有任何幸福指数可言。所以投资者在做资金杠杆前最好考虑这两项指标，这也是对前面（进入股市必备的条件）章节内容进一步补充。

无论是个人投资者还是机构投资者，精选个股构建有效的投资组合都是必要的。风险和机遇总是并存，不敢冒险也不可能有成功的机会。索罗斯认为:“如果你对某笔交易有很大的把握，就应该勇于大量注资，在高杠杆上保持平衡”。同样，如果你盈利状况欠佳，那么，第一步要减少投入，但不要收回资金。当你重新投入的时候，一开始投入数量要小。实在不行的话，还是把资金交给专业机构运作，专业的事情交给专业人士去做，**未来证券市场最高的竞争是基金经理的竞争，而不在于资金优势**。

八、价值趋势与价值投资理念的差别

当投资者看到笔者的价值趋势投资理念时，很容易误认为是价值投资，想要了解价值趋势与价值投资的区别，首先应对价值投资正确理解，才能领悟到价值趋势投资理念在A股市场中的优势。

（一）把价值投资看作只是股票分红

分红是在公司法或在公司章程的规定进行，分红过程必须依照公司法章程办理；公司无盈利不分红，盈利少则少分，亏损时不分，股东分红采用平等原则，分配金额、日期等对各个股票持有者不应存在差别，并且，优先股不参与分红，根据这一原则股票分红当然是价值投资所得。但这并不代表分红就是价值投资，真正意义上的价值投资：是寻找企业整体的价值，与代表该企业一小部分权益的股票市场价格之间的差异，是围绕这两者之间差异的一种投资，几乎所有的交易都是围绕这一原则。

公司内在价值的增长，从而带动股价的上涨，股票持有者资产的增值，才是真正意义上的价值投资。受短期利好信息的刺激导致股价上涨，从而股票持有者资产增值算不算价值投资所得？这个问题关键就要看利好信息的本身，是否对公司的预期带来实质性的改变。如果可以，股价的上涨，可以理解为价值提前兑现，虽然利润还没有反映到报表来，只是后期让价值去追赶价格而已，这就是笔者所定义的未来价值。普通投资者存在对公司价值评估偏离太大的问题，另外，受前期市场制度不健全，庄家操纵股价的心理阴影太深，所以会“谈值色变”。

（二）把长期持有看成价值投资

当大家听到长期持有这几个字眼时，就与价值投资捆绑在一起，长期持有本身不是目的，是为了等待低估的价格回归价值，持有是为了等待企业价值成长，从而带动股价上涨，这才是根本原因。彼得·林奇曾说：“我投资组合里最好的公司往往是购买股票三五年后才利润大增，而不是在三五个星期”。当然这种持有的前提就是买入价格被低估的股票，首先要给个股的估值定位，如果买入股票价格高于企业的内在价值，持股时间越长，亏损就越大。

彼得·林奇（Peter Lynch）

彼得·林奇（Peter Lynch）生于1944年，1968年毕业于宾夕法尼亚大学沃顿商学院，取得MBA学位。

1969年进入富达公司，1977-1990年间，他一直担任富达公司旗下的麦哲伦基金的经理人。在这13年期间，做到年平均复利回报率高达29%，于是他管理的麦哲伦基金从2000万美元增至140亿美元，成为世界上最成功的基金。

即使是企业的价值不断成长，也要未来数年后才能达到或者超越现有价格，也无非是让价值去追赶价格，而价格继续上涨也无任何确定性。

大多数情况下，个股会大幅下跌的形式，直接找到其对应的价值，所以说当大多数股票价格出现严重高估时，往往是牛市疯狂的末期。市场本身会通过自身调节来实现价值的回归，当然，聪明的主力机构会在这种市场调节前出逃，这个时候就算是做价值投资的机构，也会提前抛售股票，只有无知的散户，才会在市场疯狂末期大量加仓，所以散户总是在高位站岗。

（三）把市盈率看成价值投资依据

市盈率的高低并不能看作价值投资的依据，要结合公司的发展前景，未来的盈利能力、净资产、分红能力、配送能力、市净率、增长比值（PEG）、行业所处的生命周期等综合因素。这些数据需要对未来变量做预测，对专业的投资者来说并不难做到，但对普通的投资者会有一定的挑战，需要长时间去学习积累。

彼得·林奇说："仔细考虑市盈率的高低，如果公司股价被严重的高估，即使公司经营情况非常好，你也不可能从这种股票上赚到一分钱。"例如：中国石油（601857），上市当初堪称是A股市场上最赚钱的公司，当初市盈率也就20多倍左右，但偏偏就是这样被媒体宣传为最具有投资价值的公司，自2007年11月5日上市以来，开盘价48.6元到2012年10月价格一路跌到8.47元（含除权送股）。上市以来所有参与的投资者无一幸免，所以刚看市盈率没有太多依据。

因为此类个股提前透支了公司未来的利润，公司的发展到了一定的局限，换句话来说该公司的上市只是在证券市场融资，并没有做到给投资者分红的能力。正因为有类似这样的公司存在 A 股市场，所以不能把市盈率的高低看成价值投资依据。

主力资金一般会利用低市盈率，高收益的假象出逃，如果投资者能识破这点也可以规避不必要的损失，关键就是需要综合去评估一只股票的价值。

年度	年度	三季	中期	一季
2012	-	0.9500	0.7700	0.3600
2011	1.6400	1.3700	1.0800	0.4900
2010	1.6200	1.9200	1.5900	0.5828
2009	2.0100	1.5100	0.0240	-0.0160
2008	0.2000	0.2000	0.0020	-0.0250

图 2-12　徐工机械（000425）　日线图

估值的高低，这与笔者在技术分析里所谈“量、价、时、空”的“时”是一回事，指的是时机。例如：徐工机械（000425），2011 年全年利润快速增长，市盈率也维持在 10 倍左右（市场认可的标准 PE 在 0~13 为低估），此时，如果以收益和市盈率这些数据来做入市标准，买入后亏损可想而知，该股 2011 年

3月份股价32元一路跌至2012年12月的9.58元。其间市盈率并没有多大变化，每个季度报表每股收益也和2011年差别不大，可股价跌幅70%，见图2-12。

其原因就是2011年3月份股价被市场炒作严重泡沫，股价被严重的高估，先知先觉的机构投资者，在公司发展鼎盛时期提前卖出了股票。对于普通投资者来说，如果只凭这些数据去判断估值的高低，财报上显示高利润、低市盈率，对公司未来充满想象去买入，就会死得很惨。从2011年这些数据反应来看，该公司所处的行业性质、发展前景等综合因素，股价32元已是高峰了，这一周期已经结束，如果以后该公司的股价到7元之下才值得关注。

（四）价值趋势与价值投资的区别

企业价值的成长从而带动股价的上涨，这就是价值投资的本质。如果价格已经透支了企业多年成长空间，那么企业价值的成长，也很难为价格继续上涨起作用。优秀企业只是价值成长的一个保障而已，在前面行业生命周期章节讲过，任何优秀企业，都会从成长期到成熟期最终到衰退期，不够优秀的企业也可能会高速成长，比如前面谈到的困境反转型企业，等待企业价值的成长需要一个漫长的过程，所以价值投资需要时间周期比较长。

而笔者的价值趋势投资理念，首先是确定个股价值，以公司未来的发展趋势为导向，并不一定看重公司目前是否盈利。买卖股票依据是基于企业的内在价值、价格及安全边际，行情启动点，当趋势形成后才介入，这种模式能在很短时间内，获取巨额的投资回报。是买在起涨点，卖在顶部区域，短期内让资产快速增值的投资理念，不需要投资者持股3 ~ 5年，专为浮躁的中国投资者而研究的投资理念。

九、宏观经济对股市的影响

基本面是指影响股票市场走势的一些基础性因素，通过对基本面进行分析，可以把握股价变动的基本因素，是股票投资分析的基础。影响基本面的主要因素无非就是宏观经济，从长期来看，股票市场的走势和变化是由一国经济发展水平和经济环境所决定，股票市场价格波动也在很大程度上反映了宏观经济的变化。从国外证券市场历史走势不难发现，股票市场的变动趋势大体上与经济周期相吻合。在经济繁荣时期，企业经营状况好，盈利多其股票价格也上涨。经济不景气时企业收入减少，利润下降将导致其股票价格下跌。但是，股票市场的走势与经济周期在时间上并不完全一致，通常股票市场的变化会超前，因此股市被称作宏观经济的晴雨表。就整体宏观经济而言包括以下几个方面。

（一）利率变动对股市的影响

在影响股票市场走势的诸多因素中，利率是一个比较敏感的因素。一般来说利率上升，可能会将部分资金吸引到银行储蓄系统，对股价造成一定的影响。同时由于利率上升，企业贷款利息增加、经营成本增加，利润减少，还会使公司难以得到必需的贷款资金，公司不得不削减生产规模，而生产规模的减少，公司未来的利润相应减少，也相应地会使股票价格有所下跌。反之由于利率降低，企业经营成本降低，利润增加股票价格就会上涨。

利率上升，投资者据以评估股票价值的折现率也会上升，股票的内在价值会下降，从而也使股票价格相应下降，利率降低，人们出于保值增值的内在需要，可能会将更多的资金投向股市，从而养活了股票市场的资金量，刺激股票价格的上涨。

利率上升，部分投向股市资金转向银行储蓄和购买债券，从而减少市场股票需求，使股票价格出现下跌；反之利率降低时，股票价格就会相应上升。

以上所述利率与股价的运动呈相反方向并非是绝对，从历史来看，当形势向好股票行情暴涨时，利率的调整对股价控制作用就不会太大，同样当股市处于大熊市，即使出现利率下降的调整政策，股价也可能不会上涨。

利率上升和股票价格同时上涨的情形在 A 股市场上 2006 年 4 月 28 日出现过，货款利率上调 0.27%，信息公布次日上证指数涨 1.66%，深证成指涨幅 0.21% ，2006 年 4 月 28 日至 2007 年 12 月 21 日期间调整幅度不等，共上调过 8 次利率，但两年期间指数一路上扬，如果不是美国次贷危机转变成全球金融危机出现的话，指数的上涨还可能会延续一段时间。其中一次消息公布次日指数涨幅最大的是 2007 年 7 月 21 日，存贷款利率同时上调 0.27%，上证指数涨幅 3.81%, 深证成指涨幅 5.81%。令人啼笑皆非的是，利率上调公布后是一轮行情的起涨点，而后的 58 个交易日指数涨幅 2033.21 点（按最高价—开盘价计算），见图 2-13。

在行业疲软的情况下，利率下调也并不能让股价上涨取得立竿见影的效果，比如说，在 2012 年 6 月 8 日起下调金融机构人民币存贷款基准利率。金

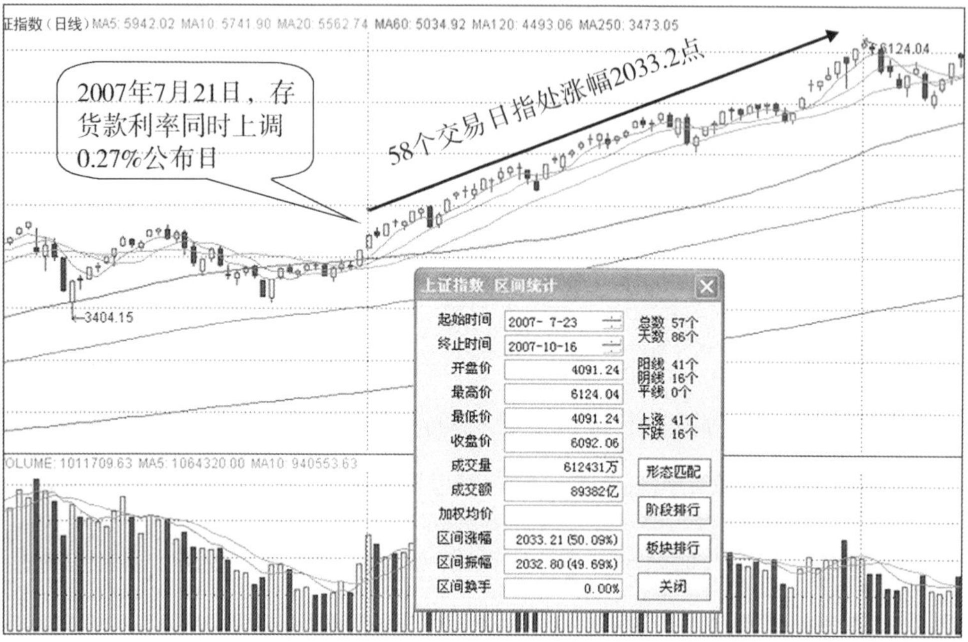

图 2-13 上证指数 日线图

融机构一年期存款基准利率下调0.25个百分点，一年期贷款基准利率下调0.25个百分点；其他各档次存贷款基准利率，及个人住房公积金存贷款利率相应调整。信息公布之后的122个交易日里，上证指数跌357.76点（按开盘价－最低价计算）。下调利率的当天是一轮下跌行情的次高点。

从以上经验得出，从理论上来讲，利率上调，股价下跌，利率下调，股价上涨，但在中国资本市场利率调整对股市的影响并不是不起作用，而是会有滞后性，会滞后多长时间，没有一个定律。同理，存款准备金的下调也是一样的道理，笔者就不再陈述。因此如果利用利率的变化来作为买进和卖出股票为依据的投资者需要注意了，同时也要根据个股来决定。

（二）经济政策对股市的影响

在中国资本市场还没有完全成熟的情况下，由于经济政策引发投资者心理上的影响不容忽视，在经济环境不断地改变下，投资者应密切关注经济政策对股市产生的影响。

经济政策一般指的是货币政策和财政政策，虽然对股市调节起重要的作用，但是各种费率的改变能够对股民的切身利益起到直接刺激作用。

（1）货币政策是政府宏观调控的基本手段之一，由于社会总供给和总需求的平衡，与货币供给总量与货币需求总量的平衡相辅相成，因而宏观调控之重点必然立足于货币供给量。货币政策主要针对货币供给量的调节和控制展开，从而实现了诸如稳定的货币、增加就业、平衡国际收支、发展经济等宏观目标。

货币政策对股票市场有着非常大的影响，宽松的货币政策会扩大货币供给总量，对经济的发展和证券市场交易有着积极影响。但是货币供应太多又会引起通货膨胀，使企业的发展受到影响，使实际投资收益率下降；紧缩的货币政策则相反，它会减少社会上的货币供给总量，不利于经济发展，不利于证券市场的活跃和发展，这就是令管理层头痛的“两难”问题（宽松的货币政策导致通货膨胀，紧缩的货币政策，不利于经济发展）。另外，货币政策对人们心理的影响非常大，这种影响对股市的涨跌又将产生极大的推动作用，所以货币政策也是影响股市的重要因素之一。

（2）财政政策对股市的影响。

财政是国家为实现其职能需要对一部分社会产品进行分配活动，它体现着国家与其有关各方面发生的经济关系。国家财政资金的来源，主要来自国有企业纯收入和社会税收。其大小取决于物质生产部门以及其他事业的发展状况、经济结构的优化、经济效益的高低以及财政政策的正确与否，财政支出主要用于经济建设、公用事业、教育、国防以及社会福利，国家合理的预算收支及措施会促使股价上涨，财政重点支持的行业，股价会涨得快。

财政规模和采取的财政方针对股市有着直接影响。假如财政规模扩大，采取积极的财政方针，股价就会上涨。相反，国家财政规模则缩小，或者显示将要紧缩财政的预兆，而投资者会预测未来前景不好而减少投资，从而股价就会下跌。虽然股价反应的程度会依当时股价水准而有所不同，但投资者可根据财政规模的增减，作为股市未来行情走势的推断依据之一。

财政投资的重点，对企业业绩的好坏，也有很大的影响。如果政府采取产业倾斜政策，比如重点向交通、能源、基础设施投资，则这类股票价格就会受到影响。财政支出的增减，直接影响到与财政有关的企业，比如与电气、通讯、房地产有关的产业，因此，每个投资者应了解财政实施的重点。股价发生变化时点，通常在政府的预算原则和重点施政还未发表之前，或者是在预算公布之后的初始阶段，适时做出买入和卖出的决策。

（三）通货膨胀对股市的影响

影响证券市场以及股票价格的另一重要因素是通货膨胀。这一因素对股票市场走势有利有弊，既有刺激市场的作用，又有压抑市场的作用，但总的来看是弊大于利，它会推动股市的泡沫成分加大。通货膨胀主要是由于过多增加货币供应量造成的。从理论上来讲，货币供应量与股票价格一般呈正比关系，即货币供应量的增大使股票价格上升，反之，货币供应量减少使股票价格下跌。但在某些特殊情况下又有相反的作用。

货币供给量对股票价格的正比关系，有以下三种表现：

（1）货币供给量的增加，一方面可以促进企业生产，扶持物价水平，阻止商品利润的下滑；另一方面使市场对股票的需求增加，促进股票市场的繁荣。

（2）货币供应量的增加引起社会商品价格的上涨，上市公司的销售收入及利润相应增加，从而使货币形式表现的股利（即股票的名义收益）会有一定幅度的上升，使股票需求增加，从而股票价格也相应地上涨。

（3）货币供给量的持续增加引起通货膨胀，通货膨胀带来的往往是虚假的市场繁荣，造成一种企业利润增加普遍上升的假象，人们出于保值意识倾向于将货币投向贵金属、不动产和短期债券上，有色贵金属类上市公司业绩向好，从而使股票价格也相应地增加。这就是为什么有色矿产、贵金属类股票上涨会在周期最后的原因。

从以上理论来讲，货币供应量的增减是影响股价涨跌的重要原因之一。当货币供应量增加时，多余部分的社会资金会投入股市，从而把股价抬高；

有时货币供应量增加股市也不一定会涨，扩容、房地产都会吸收资金从而抑制股价上涨。反之如果货币供应量减少，社会购买力就降低了，投资股市的资金就会减少，股市陷入低迷状态，因而股价也必定会受到影响。

当通货膨胀达到一定程度，膨胀率超过了两位数时，将会推动利率上升，资金从股市中外流，从而使股价下跌。总之，当通货膨胀对股票市场的刺激作用大时，股票市场的趋势与通货膨胀的趋势一致；而其抑制作用大时，股票市场的趋势与通货膨胀的趋势相反。

需要注意的是，分析通货膨胀对股票市场的影响时，应该区分不同的膨胀率，一般情况下，通货膨胀率很低（如 3% 以内）时，危害并不大且对股票价格还有推动作用。因为，通货膨胀主要是因为货币供应量增多造成的，在通货膨胀初期，由于货币供应增加会刺激生产和消费，增加企业的盈利，公司收益的增加从而促使股票价格上涨。但通货膨胀率高到一定程度时，经济的发展和物价的前景就不可捉摸，整个经济形势会很不稳定。一方面企业的发展会变得飘浮不定，另一方面政府会提高利率水平，从而促使股价下跌。

（四）汇率变动对股市的影响

汇率水平是国家宏观经济基本面的反映，而股票市场最能敏感地反映股民与国家综合经济因素之间的信心关系。一般来说，如果国家货币迅速升值，游资进入市场投资，将引发更多的资金投入股市从而带动股价上涨，所以汇率的变动会给股市带来很大的影响。

汇率的变动对股市影响主要体现在以下三个方面：

（1）汇率的变动可以改善或限制上市公司的进出口状况，从而影响上市公司的经营业绩和二级市场股价变化，尤其是进出口量大的外贸企业受到影响更大。

（2）汇率的变动对国内经济的影响集中体现在物价上，并通过物价、国民收入间接影响国内股市。本币汇率下跌，刺激出口，削弱进口产品的购买力，增加国民收入，物价水平上涨，诱导盈余资金流入股市，反之亦然。

（3）汇率剧烈的变动还可以通过资本流动来影响股票价格。国家货币大幅贬值，意味着投资者在该国的投资预期收益会面临高额的汇兑损失，投资者如果对该国的经济前景失去信心，就会抽逃资金来规避风险，从而带动其他资金出逃致使股价下跌；同时，为避免本国货币大幅度贬值，该国政府可能需要提高利率，以留住外资支撑本币汇率。这样一来，公司经营成本会上升，利润就会减少，上市公司股票价格就会下跌。

反之，如果高估本国货币的价值，提高本币的对外汇率，可以减少上市公司的生产成本，增加利润，上市公司股价就会上涨；同时也可以较低的价格购买国外企业，加速对外投资，这样上市公司资产价值提高，可以吸引更多的国际投资者购买该国公司的股票，促使公司股价提高。

（五）经济周期对股市的影响

从历史出现的经济周期来看，股价在一定的经济周期内都有不同的表现形式；衰退、危机、复苏和繁荣形成了经济周期的四个阶段。一般情况下，在经济衰退时期，股票价格会逐渐下跌；到危机时，股价跌至最低点；而经济开始复苏时，股价又会逐步上升；到繁荣时，股价则上涨到高点。这种变动的原因是，当经济开始衰退之后，企业的产量会随产品滞销、利润相应减少，导致股息、红利也不断减少，持股的股东因股票收益不佳而纷纷抛售，致使股价下跌。

当经济衰退达到危机时，整个经济体系处于瘫痪状态，大量的企业倒闭，股票持有者由于对形势持悲观态度而纷纷卖出手中的股票，从而使整个股市价格大跌，市场处于萧条和混乱之中。经济周期经过最低谷之后又出现缓慢复苏的势头，随着经济结构的调整，商品开始有一定的销售量，利润增加，从而推动股价上涨。

另外，企业又能开始给股东分发一些股息，投资者慢慢觉得有利可图，于是纷纷购买，又会推动股价缓缓回升；当经济由复苏达到繁荣时期时，企业的生产能力与产量大增，商品销售状况良好，企业大量的盈利、股息、红利相应增多，股票价格上涨至最高点。

现实中，经济周期与股价的变动两者并非完全同步。无论是处于周期的哪一阶段，股价的变动总是比实际的经济周期变动要领先一步。即在经济周期衰退之前，股价已开始下跌，而经济复苏之前，股价已经回升，经济周期未步入高峰阶段，股价已经见顶；经济仍处在衰退时期，股市已开始从谷底回升，这些特性都是投资者对经济走势的预期和心理反应的结果。

（六）行业前景对股市的影响

其实这个问题我们在前面的章节，如何分析行业生命周期与利润详细谈过。这里不再重复，对于具体的个股而言，影响其股价走势的主要因素在于企业本身的内在价值，包括财务状况、经营情况、管理能力、技术水平、产品占市场份额、行业特点、未来发展潜力等一系列因素。

以上几点都是影响股市行情的重要因素，对于我们投资者来说，只要选出强于指数的个股，就能跨越经济周期，就能规避上述因素带来的投资风险。笔者创导的价值趋势投资理念，正是以行业发展趋势，产品市场占有率、优质的公司财报为基础理论，从而实现在熊市稳盈利。

十、融资扩容对股市的影响

融资是股票市场的主要功能之一，与国外成熟资本市场不同的是，目前A股市场尚处于发展初期阶段，其融资功能比成熟资本市场要侧重得多，本质上通过股票市场的融资活动，可以将社会闲散资金吸引到那些最有经济效率、具有发展前景的企业中去，为进一步扩大产能，提高市场占有率和竞争力，最大限度地推动国民经济的发展；此外，股票市场的发展也可以打破间接金融比重过高的格局，进一步完善我国的金融体系。

A股市场发展初期，由于诚信缺失和监管不严，发生的众多上市公司不良融资行为，给广大投资者造成了巨大的损失，以至于投资者形成了“上市就是圈钱”的不良印象，而目前A股市场大多数公司上市只是为了融资而融资，这一现象依然存在。

（一）不同融资形式对股价未来影响

目前，我国股票市场融资行为主要包括IPO和再融资。再融资又分为定向增发、公开增发、可转换公司债券、配股、公司债、2013年出台的优先股方案等不同形式。不同的融资形式对投资者心理影响程度，和对股价影响程度也不一样。比如，公司债和可转换公司债券等融资方案对股价的影响非常小；

配股价格的设定通常是市场价格一定比例的折让，这样有利于保护现有投资者的利益，对股价影响通常较小；而公开增发，根据规定，价格应不低于公告招股意向书前二十个交易日，公司均价或前一交易日的均价，所以基本上与市场价格相似，很容易给投资者以“高价圈钱”的印象；定向增发融资方式的认购对象主要是战略投资者和机构投资者，这类机构投入的资金有一部分是新增资金比如保险资金，并且至少有12个月的锁定期，对股价影响也较小。

（二）IPO 融资对 A 股市场的影响

目前A股市场退市制度不健全，只有不断的新公司上市圈钱，那些效益差，上市后从来没有回报投资者的公司依旧安然无恙的存在，形成有增无减的现象。有数据表明，自2001年以来，包括强制退市以及自主退市，沪深交易所累计已有78家公司退市。显然，该数据在2800家左右的上市公司中，占其比例确实很低。

因此，短期内影响指数最大的就是IPO和大盘蓝筹股的公开增发。从A股市场的长期运行规律来看，虽然融资扩容对股票市场的影响永远只是暂时的现象，上市公司的成长潜力与内在价值，才是决定个股长期走势的根本所在。但每当市场IPO的停止与开闸，都会给指数涨跌带来一定的影响。

回顾A股历史数据统计，截止2014年6月份，史上有9次IPO重启，只有两次股市上涨：一次是1996年1月4日，另一次是2006年6月3日。虽然这两次IPO重启后，中国股市的确迎来了两波行情，其余7次均为下跌。但这两次牛市行情的启动，并不是因为IPO的重启。而是因为政策面和宏观经济等原因，关于这两次牛市形成的原因在后面章节里会进一步剖析，我们先来看看历史上所有的 IPO 重启时间和市场的表现情况：

（1）第一次重启（1994 年 12 月 8 日）到 1995 年 1 月 19 日暂停，到 1995 年 2 月股指探底至 524 点。累计下跌 12.58%。

（2）第二次重启（1995 年 6 月 10 日）到 1995 年 7 月 5 日，累计下跌 9.48%。

（3）第三次重启（1996 年 1 月 4 日）到 2001 年 7 月 31 日，累计上涨 254.03%。

（4）第四次重启（2001 年 11 月 3 日）到 2004 年 8 月 26 日，累计下跌 21.1%。

（5）第五次重启（2005 年 1 月 24 日）到 2005 年 5 月 25 日，累计下跌 13.15%。

（6）第六次重启（2006 年 6 月 3 日）到 2008 年 12 月 6 日，累计上涨 19.86%。区间在 2007 年 10 月 16 日最高点 6124 点时，指数涨幅达 261.72%。

（7）第七次重启（2009 年 7 月 11 日）到 2012 年 11 月 3 日，累计下跌 32.3%。

（8）第八次重启 2014 年 1 月 8 日，从信息公布算起到最低点跌幅达 10.41%.

（9）第九次重启 2014 年 6 月 18 日。

2013 年 11 月 30 日，证监会正式发布推进新股发行体制改革意见稿，提出推进股票发行向注册制过渡。其实已侧面告诉投资者 IPO 要开闸了，12 月

30日晚间，中国证监会正式发布2014年1月8日IPO正式重启，纽威阀门等5家企业已过会，率先获得IPO发行批文。至此，A股告别史上最长IPO暂停。

自11月30日证监会透露IPO重启信息后，上证指数从2260.87点一直跌到2014年1月20日1984.82点，期间跌幅10.41%，见图2-14，因为11月30日是周六，当天市场行情无法体现，接下来几个交易日虽然走出2根中阳线，最高价在12月4日2260.87点，这实际上是主力拉高出货的行为，从技术形态上来说，这次顶部特征符合笔者后面章节里讲的量价时空逃顶法。

图2-14 上证指数 日线图

从图中可以看出，2014年1年8日IPO正式重启后，指数进一步下跌，不过跌幅相比前期会小一些. 所以，IPO重启对股市短期是利空，这是在实践中市场给出的结论，从资金面的供求关系理论来分析也符合逻辑。中国投资者历来对资金面是否充裕十分敏感，而对上市公司内在价值反倒其次。所以当IPO重启时，投资者觉得股票供给增加了，担心市场资金面是否承受得住，尤其是巨额IPO出台时，行情正处于特别低迷的时期，就会成为加速下跌的一个重要因素。

因此，股市融资扩容对市场的影响固然不能忽视，但也不能消极看待，应用动态的眼光来分析。比如本次新股上市9个交易日后上证指数探底回升，市场出现了反弹，这就是A股市场的另一奇怪现象，IPO重启信息公布时指数大跌，当IPO正式启动后，指数反而会有所反弹，另外，新股发行有利于活跃市场，提供新的投资机会，把最新的概念带入场，提升市场的整体内在价值。新上市公司质地相对较好，比如2012年上市的智能穿戴概念环旭电子（601231）、奋达科技（002681）、新能源概念的比亚迪（002594）、长城汽车（601633）等，上市后在短时间内股价翻了几倍，这些个股笔者都有参与，后面的章节里会进一步讲述。

次数	起始时间	结束时间	空窗期	涨/跌	市场背景
1	1994年7月21日	1994年12月7日	5个月	其间上涨最高642.76点	空窗期大盘一度快速跌落至325.89点，随后展开一轮大幅度上涨后才回调
2	1995年1月19日	1995年6月9日	5个月	涨346点	暂停期间，大盘在三个交易日内从580点涨到926点
3	1995年7月5日	1996年1月3日	6个月	一轮大牛市	此次IPO暂停距上一次仅一个月，暂停期间股指先后走出两次小幅上涨行情
4	2001年7月31日	2001年11月2日	3个月	上涨	国有股减持方案出台，“市场价减持国有股”遭市场猛烈抛压，上证综指从阶段高点2245点开始一路下泄
5	2004年8月26日	2005年1月23日	5个月	没给股市带来强势逆转	证监会于当年公布了试行IPO询价制度，正式方案出台前，IPO被暂停
6	2005年5月25日	2006年6月2日	1年	停后A股史上最大一轮牛市	股权分置改革，IPO暂停一年
7	2008年12月6日	2009年6月29日	8个月	指数重新回到3478点	金融危机及新股大量发行导致市场暴跌
8	2012年11月3日	2014年1月8日	12个月	指数冲高回落，期间最大涨幅14.5%	浙江世宝（-0.25% 资金 研报）发行之后，证监会开展声势浩大的IPO自查与核查运动

（三）IPO 暂停对 A 股市场的影响

研究 IPO 暂停对 A 股市场的影响之前，我们同样先回顾历史数据看上表：

从以上 8 次历史数据中证明了 IPO 暂停后，都是利好股市，只有第 5 次暂停，由于证监会当年公布了试行 IPO 询价制度，正式方案出台前 IPO 被暂停。这次 IPO 暂停时，A 股仍处在 2001 年以来的熊市当中。由于新的询价制度对当时的股价形成不小的冲击，扩容也对市场造成一定压力，因此暂停并没有给股市带来强势逆转。其余 7 次暂停后指数有不小的涨幅。

而第 6 次暂停，也是 A 股历史上最长的一次 IPO 空窗期。空窗期结束后，中国银行（–1.10% 资金 研报）、工商银行（–0.55% 资金 研报）、中国国航（0.31% 资金 研报）、保利地产（0.20% 资金 研报）、大秦铁路（–0.89% 资金 研报）先后上市，A 股迎来史上最大一轮牛市。

而第 7 次暂停：A 股在经历了 2007 年的疯狂历史高位 6124 点之后一路下行，金融危机及新股大量发行背景下导致市场暴跌，至 2008 年 12 月时已下跌了一年多。IPO 暂停后，进入 2009 年，市场在 4 万亿的救市资金推波助澜下，一度走出 2008 年至今最大的一波反弹行情。IPO 在 2009 年 6 月末重启，指数的命运也就一个月后的最高价 3478 点，至今（2013 年）为止再也没有创过新高。

总之，IPO 的暂停后都会有一波行情，但行情不可能一直维持不变，涨幅大小要看当时市场热情和政策面支持力度，以第 8 次暂停 2012 年 11 月 3 日至 2014 年 1 月 8 日为例，见图 2–15。

2012 年 11 月 3 日是星期六，休市当天没有行情产生。从图中可以看到，

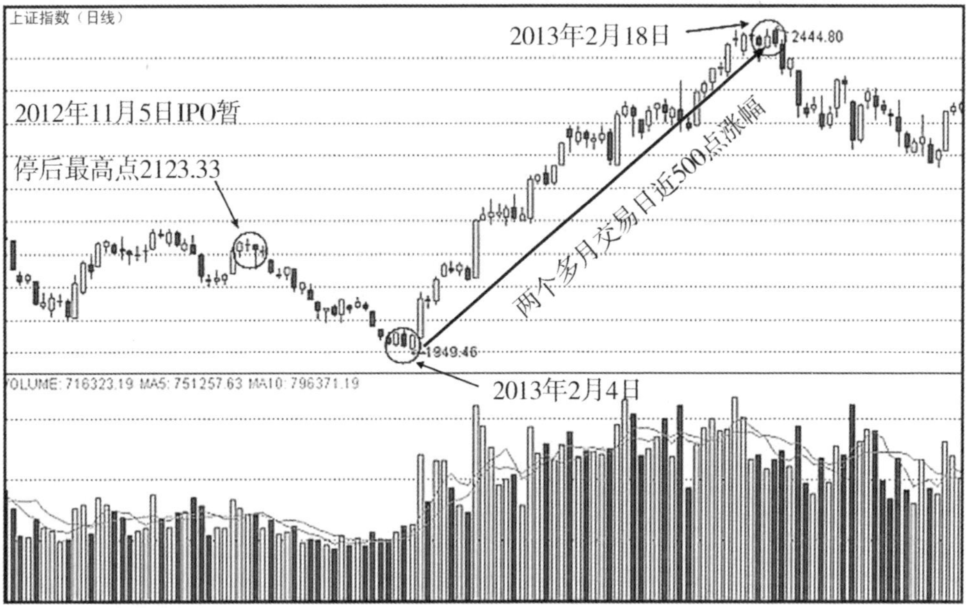

图 2-15　上证指数　日线图

IPO 的暂停后行情并没有立刻止跌，从 11 月 5 日最高价 2123.33 跌至 2012 年 12 月 4 日最低价 1949.46 点，不过此时下跌量能严重萎缩，代表离场资金在减少。当指数跌破 2000 点后，主力资金开始进场，指数放量上涨，直到 2013 年 2 月 18 日最高价 2444.8 点，两个多月交易日涨幅近 500 点。

虽然指数在后面又创了新底，但一直徘徊在 2000 点附近。只要投资者掌握了 IPO 重启与指数的规律，抓住一波行情，收益还是很丰厚。总之，从资金供求关系来分析，IPO 的暂停对 A 股市场的影响只会利好，不会利空。至于行情何时启动，有市场决定，也许会当天，也许会信息公布一段时间后。因为下跌趋势具有惯性。

本篇小结

本篇内容主要以公司基本面为主，讲解了如何分析行业生命周期，如何分析公司和评估股票内在价值，研判股价如何才算高估，何谓低估。通过财务报表去反映企业的经营能力，诊断企业健康状况。如何做好资金管理和投资组合管理，宏观经济对股市的影响，政策面对股市的影响。让广大投资者正确区分价值趋势与价值投资的本质，只有学会了分析公司基本面，再去做技术分析，才不会盲目去听信利好；价值是趋势的基石，只有充分评估企业的内在价值后才看趋势。这就是价值趋势投资理念的基础，只有明白了这个道理才能经得住市场波动，才能在跌宕起伏的证券市场稳操胜券。

CHINESE CHARACTERISTICS INVESTORS WITH

趋 势 篇

中国特色投资者

一、趋势的概述

趋势理论在证券投资中，笔者认为主要表现有两种：一种是时代发展方向，社会产业革命，人类社会物质文明，和精神文明未来的发展导向。另一种是反影在二级市场K线图上的股价运行方向，也就是大家常说的技术分析。如果投资者单从图表上去分析趋势，那只会是事后诸葛亮，不能只是一味低头做交易，而是要抬头看世界。谈到技术分析大家会想起美国华尔街威廉D.江恩，出生1878年美国得克萨斯州的路芙根市，江恩理论是以研究测市为主，通过数学、几何、宗教、地理、天文学的综合运用。这套理论对普通投资者研究起来太复杂了，笔者在这里讲一些简单实用的方法。

威廉D.江恩

1878-1955年，20世纪最著名的投资家之一，最为人瞩目的是1909年10月美国“The Ticketr and Investment Digest”杂志编辑Richard .Wyckoff的一次实地访问。在杂志人员的监察下，江恩在十月份的25个市场交易日中共进行286次买卖，结果264获利，22次损失，获利率竟达92.3%。

（一）趋势的种类和定义

从股价的运行方向来分析趋势分为三种：上升趋势，下降趋势，还有一种就是横盘整理。股价运行的方向相继突破前一个波峰，每次回调低点高于前一个低点，为上升趋势（见图 3-1）。A、B、C、D 四个低点相继高于前一个底谷，对应的量能减少，把这四点相连形成一条 45 度角的上升趋势线。波峰 1 至 4 依次高于前一个波峰，对应的成交量能放大。上升趋势特点是上涨交易日数量，大于回调交易日，上涨放量，回调缩量。

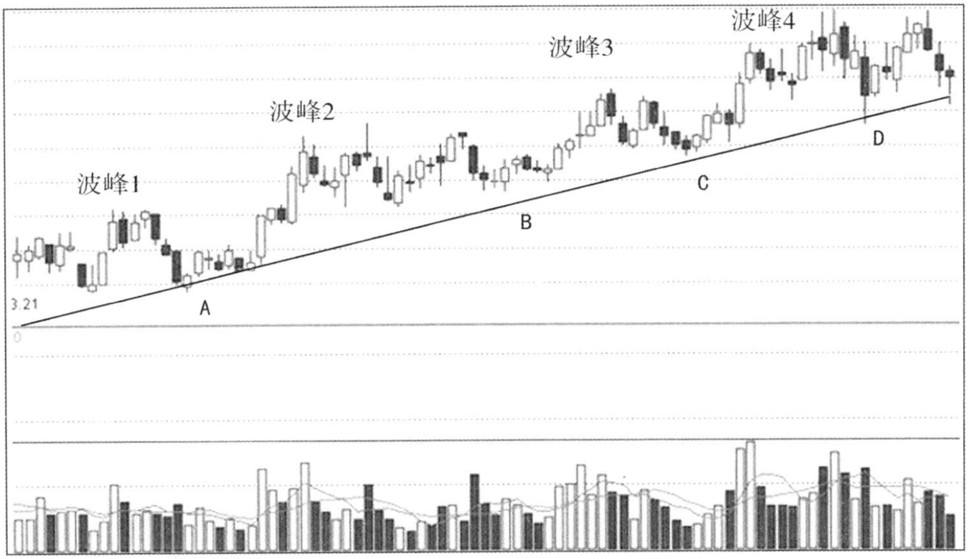

图 3-1 上升趋势

反之，如果股价在运行过程中依次向下突破前一个低点，则为下降趋势，见图 3-2。横盘整理的行情特点是：相邻两个波峰和波谷之间的幅度相近，波峰位置放量波谷缩量，见图 3-3。

从时间周期和价格变化幅度分析，可分为大趋势，中级趋势和短暂趋势。本书中所谈的趋势均为价值趋势，无论是哪一种趋势，一旦形成都会持续一

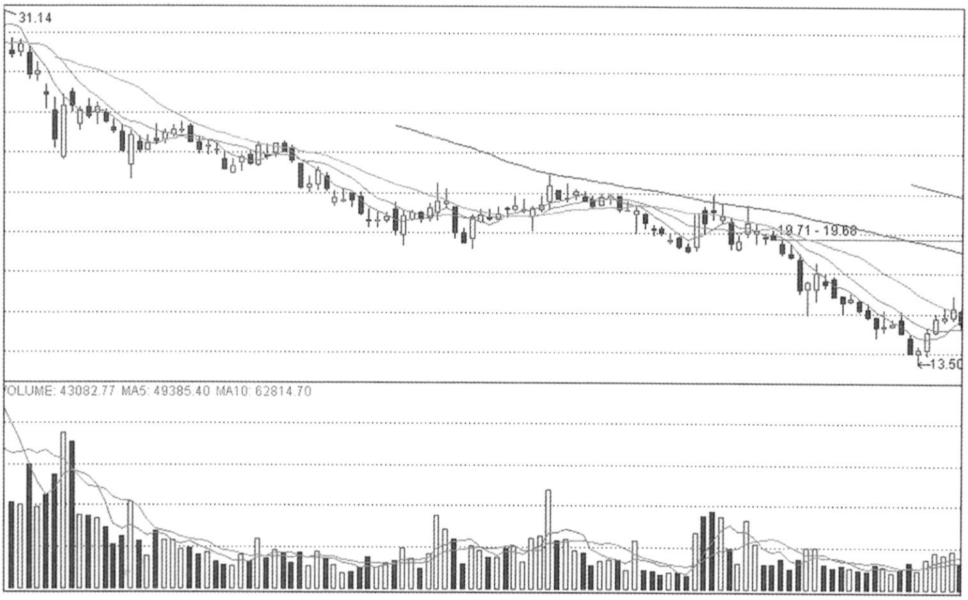

图 3-2 下降趋势

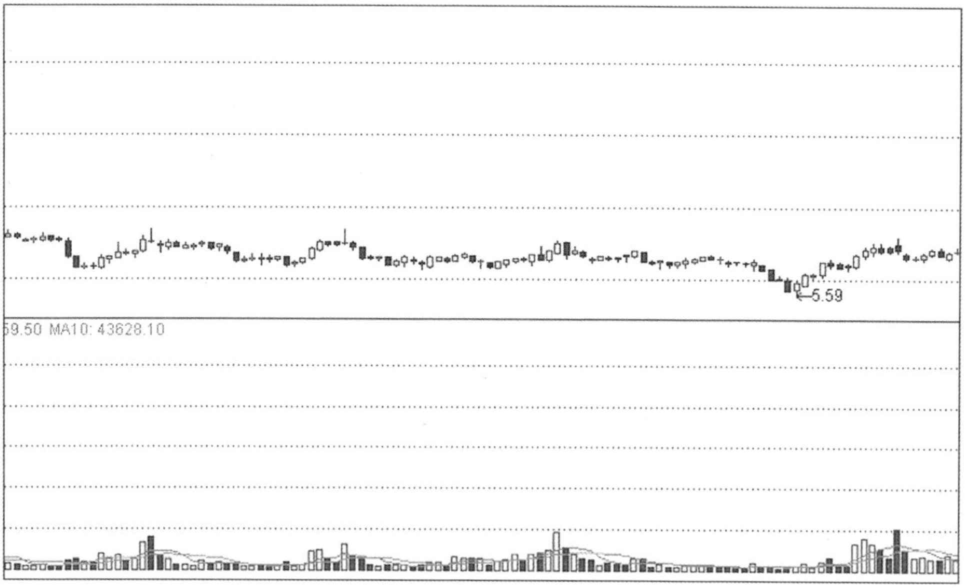

图 3-3 横盘趋势

段时间。未来一段时间股价运行方向，是上升，还是下降还是横向整理。因此，投资者首先应对未来趋势作出判断。比方说半年、一年，或者更长时间周期内股价的运行方向，先判断市场整体趋势再去研究个股趋势。

（二）牛、熊趋势如何演变

大趋势的形成与整体经济环境有关，牛市形成初期都以熊市末期开始，此时经济数据所有利空已出尽，投资者已对市场麻木，证券公司营业部办理开户投资者非常少，大部分个股跌幅距离前期高点一倍以上，还有些个股已跌破净资产，**这叫熊市末期**。

随后往往会横盘整理（俗称为马市）一年以上时间，此时机构开始悄悄买进股票，低位获得大量筹码。随着经济数据的回暖，利好信息不断传来，股价开始上涨,原本对市场失去信心的那部分投资者又回到购买股票的行列，股价在买盘的推动下上升趋势不断形成，这就是**牛市的初期**。

随着实体经济进一步向好，经济新闻捷报频频传来，大多数散户投资者也加入买股票的行列，到证券公司办理开户人数急速增长。投机性热钱不断地涌现，股价节节高升从而进入**牛市中期**。

绝大多数投资者体验到买股票挣钱的甜头，随时随地都有人讨论股票，只要买了股票谁也不想卖出，这就是 **牛市末期**，其表现为量缩价涨。在前期低位大量买入的机构投资者已大量获利悄悄卖出。大量卖盘的涌现导致股价大跌，市场恐慌情绪一旦形成，行情转化为**下降趋势**，漫长的熊市正式开始。市场始终是熊、马、牛市的演变，趋势不会朝任何方向直来直去，单边上扬或单边下跌的行情较少，永远是涨跌互现的运行，形如大海中前赴后继的波浪。

（三）价值趋势的体现形式

（1）现有价值：个股趋势的形成无非就是两种情况，第一种是现有价值推动股价上涨所形成的趋势，如天士力（600535）、贵州茅台（600519）。这类型公司的特点：已在行业内有一定的规模，具有一定的社会影响力，或者为人类社会发展、人们生活便利、健康做出了一定的贡献，并且创造了实实在在的利润，公司产品已占市场相当大的份额，这叫做现有价值。

（2）未来价值（也叫炒作预期）：第二种类型投资者较为常见的未来价值，公司目前并没有什么实实在在的收益，但股价天天上涨；如 2013 年出现的中青宝（300052），见图 3-4、生意宝（002095），从中青宝公司的财报上分析，

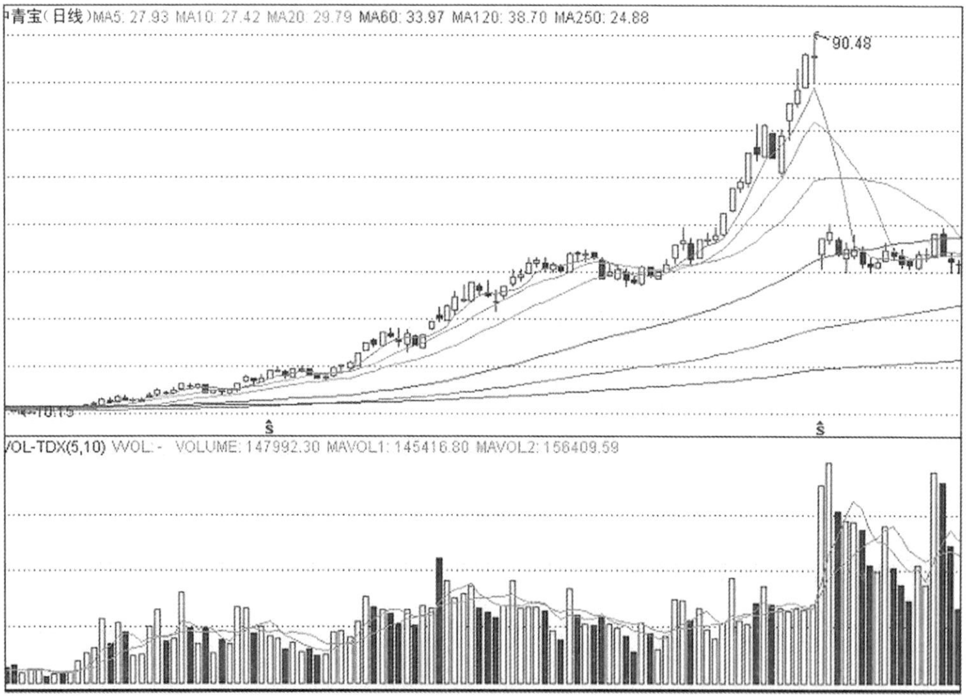

图 3-4　中青宝（300052）　日线图

该公司从 2010 年 2 月 11 日上市以来业绩表现为一般，2012—2013 年公司年度每股收益分别是 0.06 元 /0.2 元 . 按目前公司的业绩水平、经营状况股价很难从 8 元多涨到 90.48 元，在 A 股市场上演了股价一年涨幅十倍的好戏。

这些公司是因为该行业或该公司产品给投资者带来幻想，对未来发展前景看好，也叫炒作该公司的**预期**，炒的是未来的价值。

相比之下第一种具有安全可靠性；炒作未来价值对一般投资者来说不具有那个判断力，没有买入的依据，要捕捉这类型牛股具有一定的难度，因此存在一定的风险。无论现有价值和未来价值，上涨趋势的形成都需要资金推动，换句话来说，趋势形成是需要在这个市场上机构资金看好，大量买盘介入才成立。我们在后面的章节里会进一步讲述机构资金如何运作股票。

价值趋势具体案例

如何确定价值趋势，从技术面来分析，一般大趋势看周 K 线，短期趋势看日 K 线。在下跌趋势中只要周 K 线出现反转，趋势将会改变如下图 3–5，顺鑫农业（000860）。该股在 2010 年 11 月出现最高价 29.15 元，此后股价单边下跌至 9.1 元。2012 年 12 月周 K 线出现反转后走出了上升趋势见图 A 点，股价再次回调到 B 点得到支撑，上升趋势再次确认，接下来的行情值得我们关注。后面章节会进一步讲述价值趋势行情启动确认方法。

图 3-5　顺鑫农业（000860）　周线图

（四）量价关系确定趋势

成交量是验证趋势的方向标，熊市末期盘面上表现为量增价跌。牛市的初期的表现为量增价平或量增价涨。牛市中期盘面表现量价齐升，牛市的末期为量缩价涨，转入熊市初期盘面是量增价跌。当价格顺着大趋势发展时，交易量也相应地递增。如大趋势向上，在价格上升的同时，交易量应日益增加，上升中的回调时，成交量阶梯式的减少。在一个下降的大趋势中，量价表现为，当价格下跌时，成交量放大，而当价格上涨时成交量萎缩。后面章节里还会对量价关系进一步举例说明。

（五）价值趋势形成的根基

在前面价值与价格章节里谈过，一只股票未来的价格走势，长期而言是由该股的内在价值决定，短期是由市场投资热情所决定！

市场价格在短期内波动，是主力机构大量资金买入和卖出所致，假如一只股票没有任何投资价值，是得不到主力资金的青睐，换而言之，如果主力资金要炒作一只股票总是能找到一定的理由，要么具备现有价值，要么具有未来价值。只有价值存在的情况下主力资金才会看好，趋势才会形成，投资者参与这类型个股才能大量获利，这就是价值趋势形成的根基。趋势的形成既然需要主力资金大量参与，那么我们需要研究下一章节内容，主力机构是如何运作股票。

二、曝光庄家炒作股票的内幕机密

笔者这里所谈的主力也就是投资者常说的庄家，我们提倡遵纪守法、理性投资，并不愿意看到恶意炒作事件发生，但是为让投资者避免亏损，就有必要识破庄家布下的种种陷阱。庄家既是散户投资者的敌人，又是依赖的对象和朋友；只有跟着主力的节奏，跟着庄家所运作的个股走，才能有获利的机会，跟着实力强的庄家获利的机会就大，反之，如果没有庄或者说跟的庄家实力比较弱，那么你所获利的机会就少，甚至亏损。

（一）主力做庄的全过程

主力机构运作股票一般分为下面几个步骤，准备期、资金进场、建仓吸筹（洗盘震仓）、拉抬股价，高位派发、股价回落，见图 3-6，简称为“吸、拉、派、落”四部曲。

建仓吸筹，主力资金的进场，一般会选择宏观经济由低谷转好的时机，选择政府支持的行业，政策面和基本面结合，对该股进行深入研究。同时取得资金的支持，新闻媒体支持等，然后进行第一步建仓吸筹，洗盘和震仓。洗盘主要目的是提高各位投资者的持仓成本，把底部跟进的投资者清洗出去，重新换上接盘散户，这样做的目的是在拉升时不会有太多的获利盘抛压。

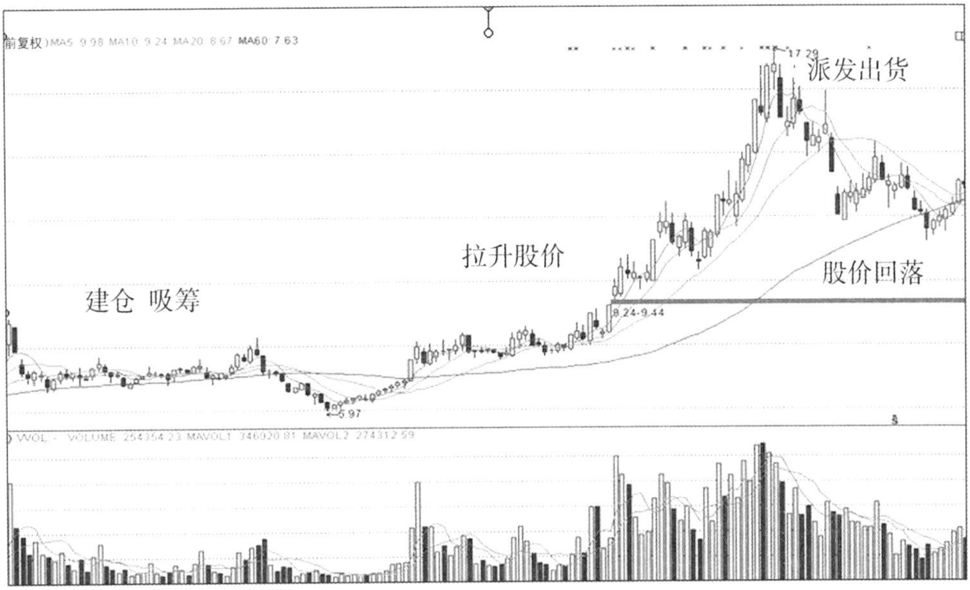

图 3-6 主力做庄全景图

股价拉升，洗盘之后主力要做的事情，那就是按事先准备好的操盘计划拉抬股价，在K线图上以放大量，和长阳的方式吸引散户投资者跟风买入，主力悄悄出局，这个阶段技术图形非常漂亮，均线多头排列的上升趋势。当主力把股价拉升到一定的高度，通常距成本位25%~50%之间停顿一下，让获利盘在这个阶段出局，又重新换上一批接盘散户，这种做法有利行情继续上涨，在K线图上这段行情为高位横盘箱体。

再次拉抬股价，经过二次横盘整理后，主力再次拉抬股价比前一次会更疯狂，并有可能在一些相关的财经网上发布该股利好，公司未来的发展规划等信息，以便吸引短线投资者跟风买入，二次拉抬股价的目的是为下一阶段出货做准备 。

高位出货，也是最难最后的一个环节，有时会出现多重顶，投资者通常说的右肩会出现，出货最终才能完成；但主力筹码也不可能出得干净，只能留下为下一次吸筹时打压股价之用。如果一只股票主力资金一旦介入趋势很快就会形成，一般会在吸筹时，传来该股的利空信息，出货时传来该股大量利好，投资者会因利好的公布而跟风买进，结果主力把希望留给了散户，把财富悄悄地带走（关于主力持仓成本计算，和一些更具体的知识这里不便描述，需要了解的朋友可以加笔者微信进一步交流）。

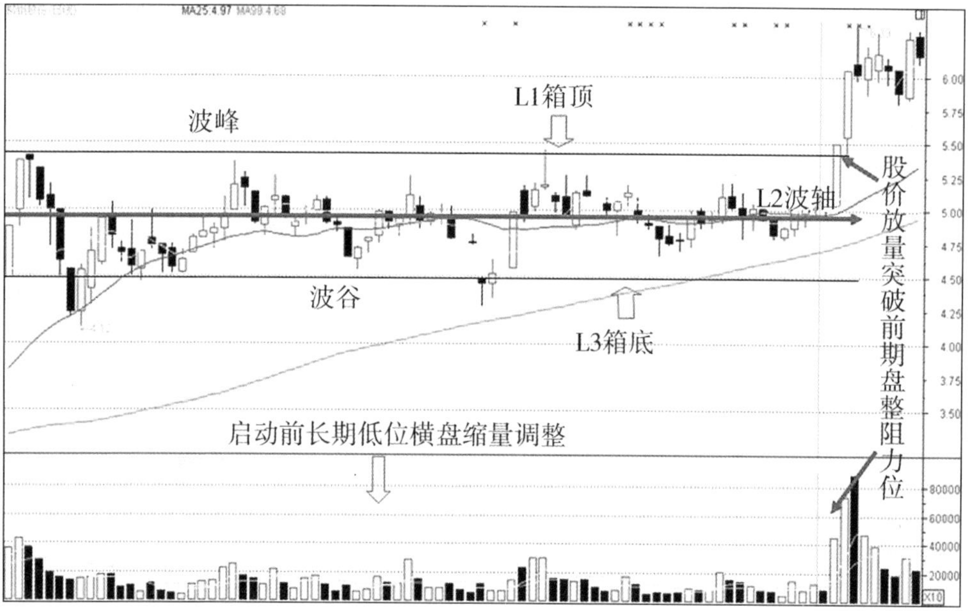

图 3-7　主力建仓示意图

（二）主力建仓经典案例分析

主力机构建仓手法有很多：有拉高式建仓、打压式建仓、双箱体式、次低位横盘等，这里只和大家讲传统建仓的方法，也就是低位横盘箱体式建仓，如图 3–7。主力资金通常会在熊市末期进场，温和放量把股价推高至离前期高点一定的位置，整理出一个横向平台进行洗盘震仓。我们用一条虚拟直线把相邻波峰相连接称为箱顶图中 L1 所示、把波谷相连称为箱底 L3 所示、股价围绕一个中心价格上下波动，这个价格看成一条直线称为波轴 L2 所示。根据流动盘的大小建仓时间一般为 8 个月到两年左右。横盘期间成交量一般为地量，K 线形态上表现为慢牛快熊，上涨阶段多为小阴、小阳、十字星 K 线组成，下跌波段为大阴线多些。如果放很小的量能就能拉出长阳或封死涨停，证明主力大部分筹码已锁仓，具备了控盘能力，可以随心所欲控制盘面，这也就是行情启动的前兆。

（三）主力建仓的盘口特征

建仓阶段分时图类似心电图，股价一会儿到浪尖，一会儿到谷底，但总是冲不破箱顶也跌不破箱底。而当日分时图却是大幅震荡。委买委卖价格差距非常大，有时相差几分钱，有时相差几毛钱，给人一种莫名其妙，飘忽不定的感觉。成交量也极不规则，有时几分钟才成交一笔，分时走势图画出横线，形成矩形，成交量也极度萎缩，上档抛压极轻，下档支撑有力，表明浮动筹码极少。

参于建仓阶段的个股获利空间不大，通常从波谷到波峰上涨的时间需要一个月，而 K 线走势起伏不定，为了洗掉短线获利盘，分时图走势剧烈地震荡，足于消磨散户持股信心。从波轴到波峰或波谷的幅度一般在 15% 左右，如果买点不适当很难获利。股价放量突破前期箱顶行情才正式启动，投资者在这个时候参与比较合适，但也有些个股突破后股价还会重新打回箱体内，这种情况叫做假突破，需要实际应用中根据个股而定。

三、读懂价值趋势K线挑选翻倍大牛股

想要读懂价值趋势启动K线，首先得了解K线的含义。K线又称日本线，起源于200多年前的日本，当时日本没有证券市场，K线只是用于米市交易。经过上百年的运用和变更，目前已经在证券市场上形成一套完整的K线分析理论。

（一）K线的含义

打开股票行情交易软件，看到的是一根根红绿K线组成的价格图表，一根K线上面记录着当天的开盘价、收盘价、最高价、最低价这四个价格，有实体、上下影线、阴阳K线之分。每一根K线里都记录着多空双方在一个交易日内实力的较量，通过K线我们就知道市场多空双方力量的对比，胜负的结果影响着股价未来的方向，财富悄然得到了重新分配。同时也可以从中看出有无主力操盘及意图，比如建仓、洗盘、拉升，出货等。

很多投资者常用技术指标和软件来做分析工具，所有技术指标都是以K线收盘价来作为计算依据，比如投资者常用的MACD平滑移动平均线都是以当天收盘价来做参考， 因此会有一定的滞后性，如果遭主力洗盘故意打压，指标就有很大的误导作用。大家使用的其他分析软件，都是以收盘价来做参照，股票买的是未来行情，行情走出来后才做分析，只能称作解盘而不能产生利润。再者这些指标已用了上百年，主力早已有应对的方法，比如很多投资者在使用指标作为买入依据时，盘中还是买入信号，收盘后就为了变卖出信号。

因此，笔者认为所有一切由收盘价来参考的技术指标和软件，都不能用作买卖参考依据。K线和量能才是最真实，最超前，也是最重要的参考依据，可以用来做进场点，当然不是所有的K线含义都可以按部就班，主力也会在K线上做文章，但相对技术指标和软件更可靠，可以通过周K线和一段时间以来的K线做参考，结合整体趋势来使用；同样一根K线所处的位置不一样，所代表主力的意图也不一样。

（二）价值趋势K线定义

所谓的价值趋势K线，就是股价被低估后出现的K线反转形态。不是所有的K线反转形态行情都能持续，只有价值趋势启动K线的出现，才有一波可观的行情。这也是主力资金进场的另一种方式，或主力建仓后的启动K线，是行情启动的方向标，这里笔者列举几种最具有代表性，最常见的价值趋势K线来做案例分析。

（三）十字星K线

十字星K线是市场趋势发生变化的预警信号，这种K线收盘价和开盘价非常接近，实体部分很小，其含义代表多空双方力量达到平衡。如果在上升或下降通道中，代表的含义仅仅是短暂停留与休整，不算警示性的见底或见顶信号。但如果出现在一段下跌行情的底部（特别是创新低），或者是一段上涨行情的顶部，就必须高度警惕。若第二个交易日出现大阳线或大阴线，则趋势进一步确定，加上量能的观察，则底部或头部就有形成的可能。如果该股价值被低估后底部出现的十字星，笔者定义为价值趋势启动十字星。

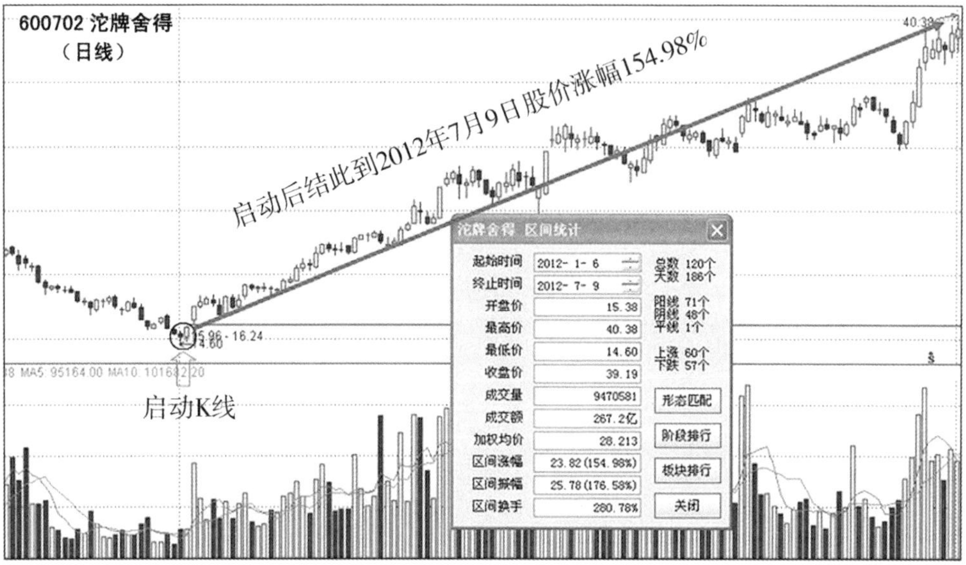

图 3-8 沱牌舍得（600702） 日线图

例如：沱牌舍得（600702），见图 3-8，这是非常典型价值趋势启动十字星。

该股在 2012 年 1 月 6 日，出现了一根价值趋势启动十字星 K 线，同时股价也是 2011 年下跌以来的新低，随后量能稳步放大，反转行情得到了确认，接下来 120 个交易日里，股价从 14.6 元涨到 40 元涨幅近 160%。这根价值趋势 K 线的启动，离不开主力前期的建仓，见图 3-9 。

我们从周 K 线上可以看到，该股在 2010 年 10 月份以来，主力把价格控制箱底 17 元至箱顶 25 元区间。2012 年 12 月 27 日，以连续两根大阴线打破箱底支撑价，使股价创两年来的新低，从而达到洗盘目的，其实是主力在拉升前最后的洗盘。

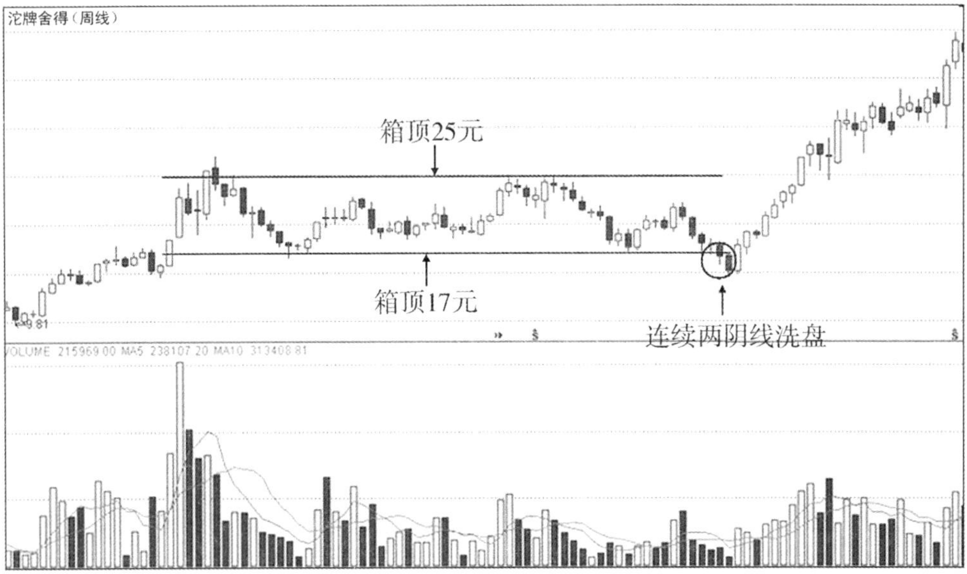

图 3-9　沱牌舍得（600702）　周线图

图 3-10　贝因美（002570）　周线图

再举一个例子，贝因美（002570），该股2011年4月上市以来，股价从最高价50.88元跌至2012年12月4日最低价为16.38元，跌幅超过50%，上市后买入的投资者，深套其中长达一年半的时间，见图3-10。

同样，在行情的底部16.38元出现一根价值趋势启动十字星K线，在接下来143个交易日里行情涨幅超过144%，截至2013年4月25日，股价涨至最高价43.95元，见图3-11。该股笔者当时也有部分仓位。该公司是生产婴儿奶粉，新西兰奶源大陆生产商，相比国内其他奶粉厂商在产品质量上，消费者心中印象会好些，加上2013年年初香港实施“禁奶令”利好内地奶粉企业，是一只婴童概念股，放开生育二胎政策也利好于该股。从业绩上来分析是一家持续增长型的公司，无论该股的现有价值和未来价值都给主力营造了行情启动的机会。

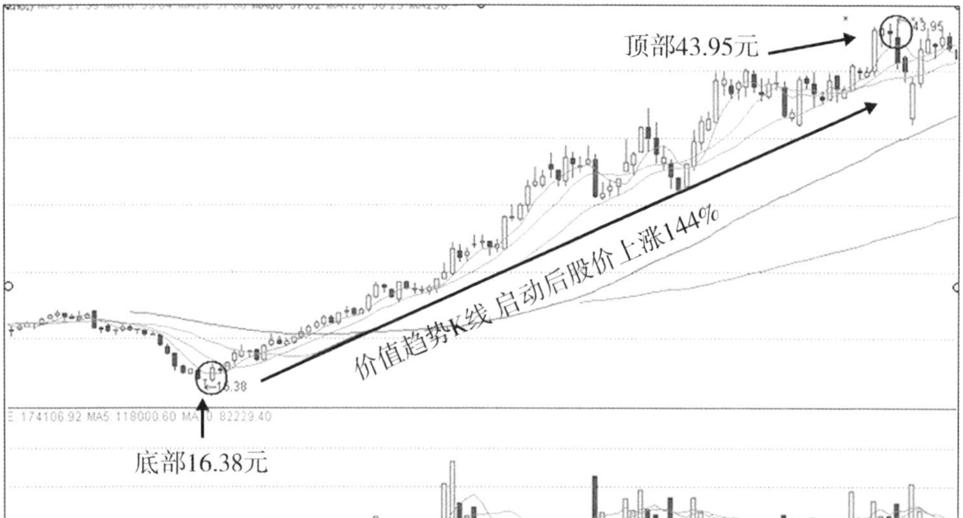

图3-11 贝因美（002570） 日线图

从以上两个案例中获知，价值趋势十字星K线启动后，股价都出现了翻倍行情，有此可见有价值趋势K线出现的个股买入依据会更加充分。关键是要确定该股价值是否被低估，价值趋势K线是否成立。

（四）K线反转形态

还有一种K线组合叫反转形态，这是看两日K线形态，第二个交易日K线实体，必须完全吞没前一个交易日的实体。如果第二个交易日是大阳线，特别是出现在一段下跌行情以来的底部则看涨，如果是大阴线，而且位置出现在一段上涨行情的顶部则看跌。如长城汽车（601633），该股自2011年9月28号上市以来股价小幅下跌，自2011年12月6日在行情底部启动了一根大阳线，在后面的10个交易日股价再次回抽确认启动当天阳线，图3-12。

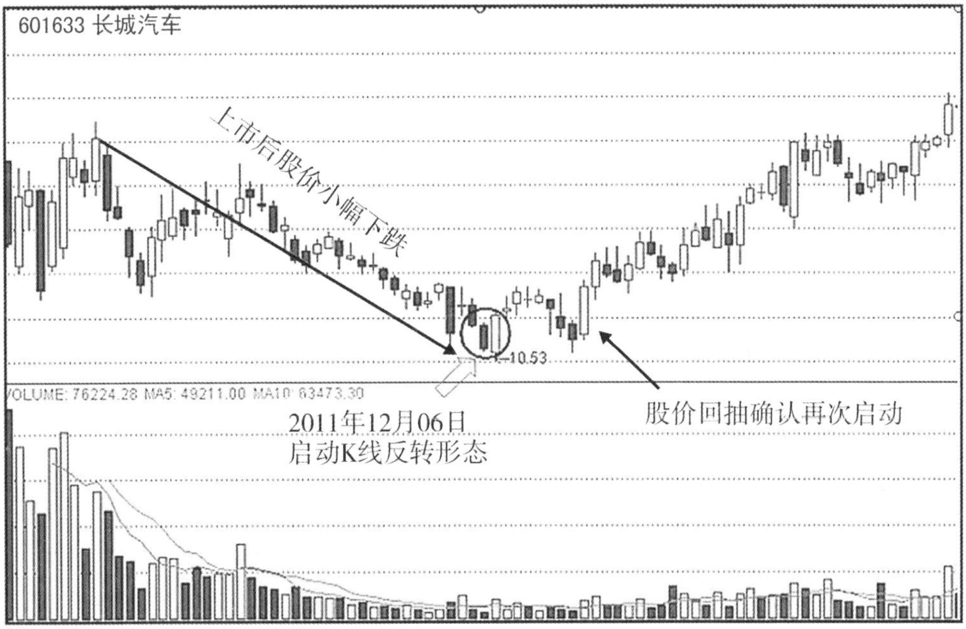

图3-12 长城汽车（601633）

该股上市交易以来，近 3 个月的交易日中，平均价格在 11 元左右波动，而后随着大势回调无量下跌，在底部 10.53 元价值趋势 K 线启动后股价一路高歌，截止到 2013 年 10 月 11 日最高价为 52.65 元，涨幅 377% 多，见图 3–13。

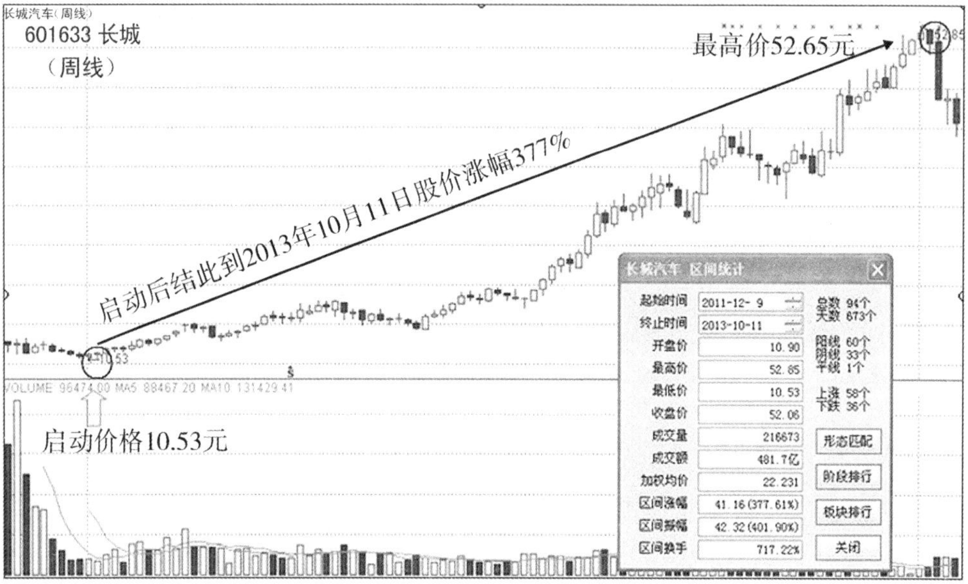

图 3–13 长城汽车（601633） 周线

该股连续两年每股收益近 1.00 元，长城 SUV 车型销量维持持续较高增速。家用轿车方面，长城汽车迎合政府鼓励节能减排的政策导向，继续开发节能、环保经济适用型轿车。从公司盈利来分析是一支持续高增长类型的股票，属于现有价值的个股。价值趋势启动 K 线在 2011 年 12 月 16 日出现，后面跟着介入，两年内获利 344% 多。谁说 A 股市场上没有值得可以长期投资的股票？当然不是所有股票都适合长期持有，只要价值趋势启动的个股，买了就挣钱，而且只要两年时间获利高达 3.4 倍，就是短线高手也办不到的事情。这两个例子都符合笔者的价值趋势投资理念，首先我们已确定该股的价值，是哪一种类型公司，其次价值趋势确定性 K 线出现，下单买入持股就能挣钱。整个过程就这么简单，用不着太多的技术指标。价值趋势启动K线笔者没办法全部在书中列出来，这仅仅是代表性的例子。

四、如何寻找即将启动的牛股

（一）解密量价与牛股的关系

成交量是指在某一时段内具体的交易额。它可以在分时图中呈现，也可以在日线图、周线图以及月线图中表述，是买卖双方交易的结果。一般行情分析软件中上面的主图是K线，下面有两个小图，其中一个就是成交量或成交额（用VOL表示）。在资金推动的A股市场，成交量反映资金进出变化情况，成交量是判断市场走势的重要指标，同样，在国外成熟市场，成交量主要也是用于印证市场走势。

笔者比较喜欢用量价关系选股，这里只是列举一部分。从量堆形态来分大概有："金元宝形""山字形""川字形""阶梯形"等。

（二）牛股启动前的特征

这里举例"川"字形量堆建仓：维科精华（600152），该股在2008年上半年连续8个多月的缩量下跌，在10月26日量能突然放大，价格从2元一步步抬高，涨到6.69元后开始横向洗盘整理，从周K线上可以看出，当股价从底部开始上涨成交量堆成川字形态，横向洗盘过程中量能呈规律性的阶梯状，当股价上涨时，伴随着成交量阶梯状放大，股价回落时阶梯状缩小，这就是主力从资金进场，洗盘过程中在成交量上所留下的脚印，见图 3–14。

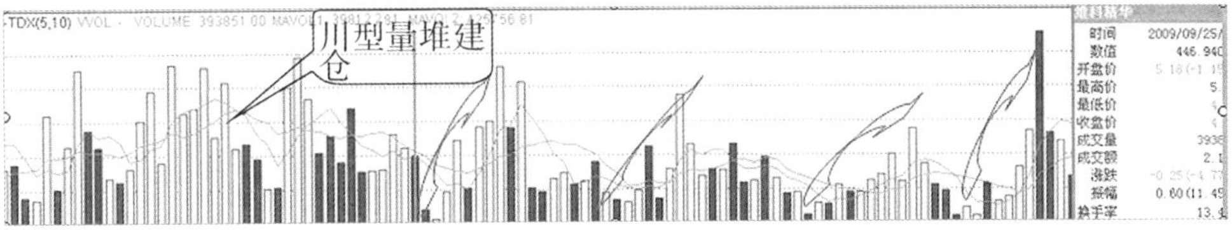

图 2–14　600152 维科精华　周线量能

有了这一系列量堆的建仓，从而确定 2011 年 3 月 30 日趋势形成的确定性，同时该公司 2011 年一季度、二季度业绩 4 倍的暴增长，股价及时兑现，在短短的一个月时间里涨幅达一倍之多，见图 3–15，图中的交割单为笔者的成交单。

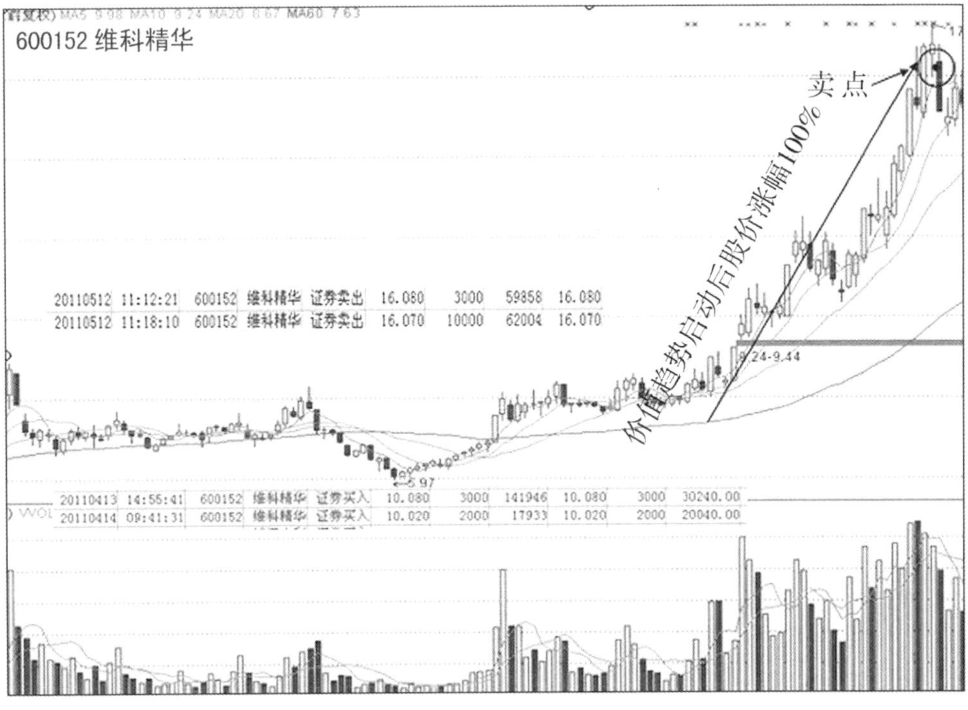

图 3–15　维科精华（600152）　日线图

川字形量堆建仓，在 2012 年大牛股中酒鬼酒（000799）也不例外，见图 3–16，不同之处该股主力资金进场成交量呈“山”字形，后面整理洗盘是一样。

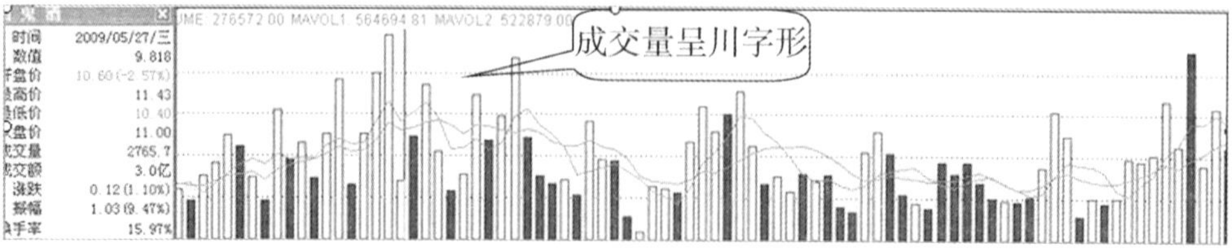

图 3-16　酒鬼酒成交量呈山字形（000799）　周线图

同时财务报表披露该公司2012年业绩增长500%，有了主力资金的介入，又有业绩的推动，该股从2012年1月到7月股价涨幅高达1.8倍。但该公司最终因高速发展，出现产品质量问题导致后来股价暴跌，但在股价暴跌之前趋势已出现了转变，无论是从技术形态上来看，还是价值估算都应离场了，高位横盘5个月的交易日里，有足够的时间离场，笔者本次用的逃顶方法是自己所创的量价时空逃顶法，图3-17的卖单足以证明了这套估计法的准确性，在后面章节里会进一步讲述如何逃顶。

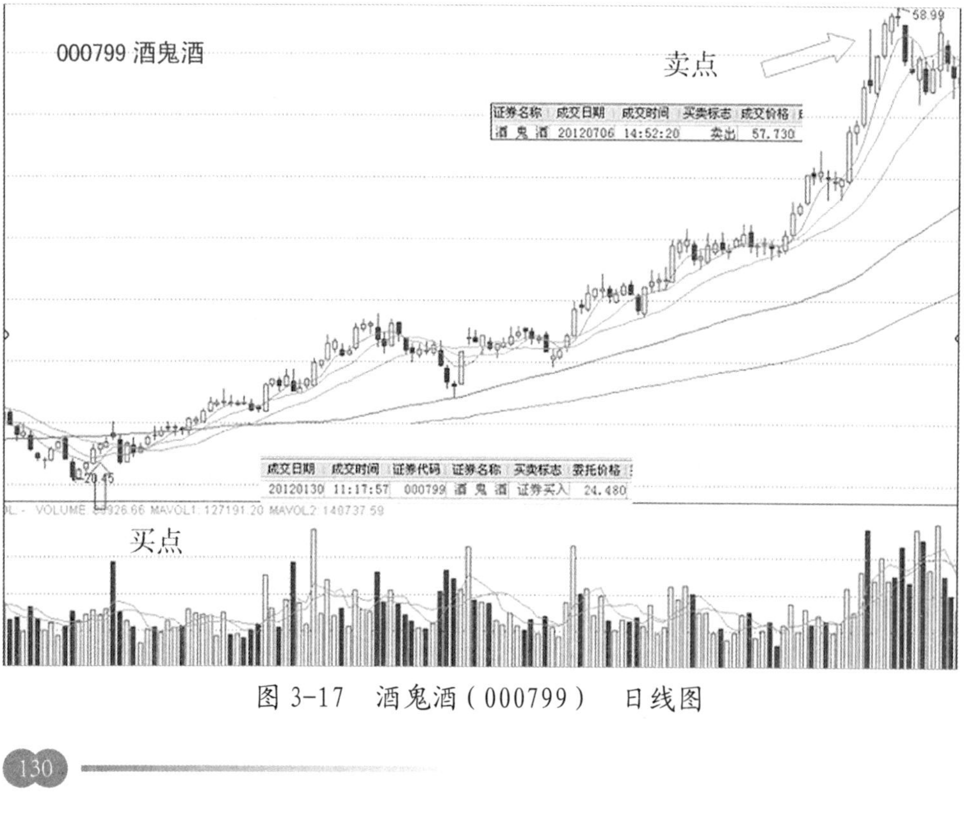

图 3-17　酒鬼酒（000799）　日线图

牛股启动前的另外一个特征就是量能长期萎缩，股价很长一段时间横向整理，上下涨幅空间不大。下面列举奋达科技（002681），见图 3-18，该股 2012 年 6 月 5 日上市当天最高价为 12.47 元，而后股价在 9.5~11.8 元区间来回箱体波动近一年时间。时而跌穿箱底最低价 7.78 元，在横盘期间量能严重萎缩，股价波幅非常窄，启动时突破前期箱体阻力位量价齐升。类似这种大牛股启动前都是长期横盘缩量调整，投资者在横盘期间参与获利空间不大，通常会被洗出局。

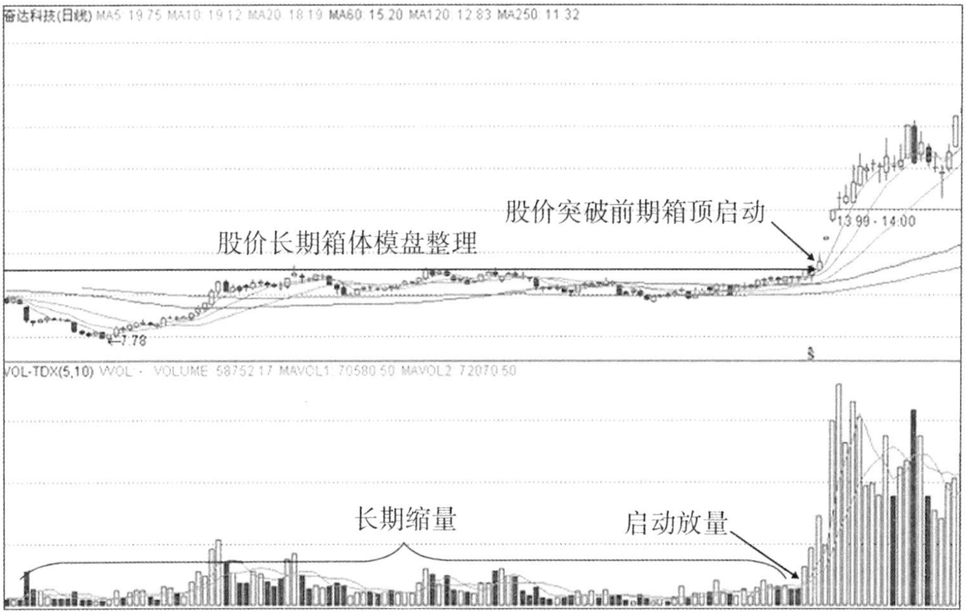

图 3-18 奋达科技（002681） 日线图

综上几个例子足以证明，我们只要把握了成交量与主力建仓的关系，就进一步核实了牛股出现的可能性。量价关系买入法书中只能介绍这一小部分，至于何时为介入点，后面的章节进一步剖析。

五、短线快速获利的投资秘诀

（一）短线投资具备的条件

对于短线投资者来说要求综合素质比较高，有良好心理承受能力，一般以技术分析为主基本面为辅，对市场热点反应能力较强，同时需要具备过滤信息的能力，有些利好信息的刺激行情可持续，有些则不能。必须建立一套严格的操盘纪律并去遵守，比如前面讲过的进场点，离场点、止损点等。如华尔街短线高手马丁・舒华兹，曾在美国海军陆战队服役过，把部队严格的纪律带到了他的投资生涯中。

超短线投资（一般三个交易日左右）是在小波段中进行交易，笔者不太建议去做，因为小趋势存在着各种不确定性，而短线买入的成本一般会高于中长线成本，所以往往投资者想要获利很难。如果的确要做，适用方法是本书后面章节里讲的盘口语言，笔者在本章所谈的短线一般为中级趋势。

（二）短线操盘实录

U 形反转型：是指在某一段时间内，行情走势K线技术形态像字母“U”形状。例如：2012 年 8 月中旬，上证指数出现了阶段性顶部，自从 8 月 13

日后的 19 个交易日里，指数跌幅将近 137 点，在此同时宝莫股份（002476），在 9 个交易日涨幅近 80%，见图 3-19。

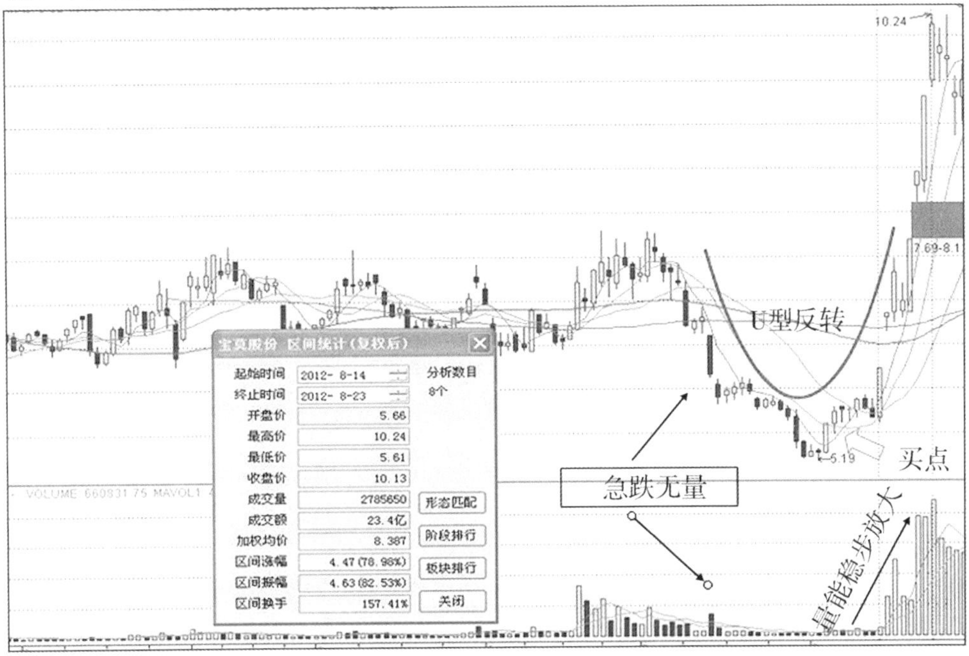

图 3-19　宝莫股份（0002476）　U 形反转启动型

从技术形态来对该股进行剖析，图中可以看出当行情启动前，在前期整理平台上无量急跌，从图表上来看形成了个 U 形坑，这就是 U 形反转型。前期平台下跌是主力凶猛洗盘的行为，股价从平台高点打压到底部 5.19 元，跌幅近 28%。也就是说在这一平台买入的投资者全部深套，而在 U 形底部盘整时间又是一个月，这又是第二次洗盘，散户投资者最缺乏的就是持股耐心，没有几个能经得住主力的洗盘，在 U 形的底部大多数散户都会亏损卖出手中的筹码，从而主力达到了洗盘目的。当股价再次放量启动时就是最佳买入点，往往前期套牢的散户会在此时卖出股票，错过了反转带来的利润。行情启动后的 9 个交易日股价涨幅高达 80%，这就是短线投资的威力所在。当行情没有走出来之前，U 形底部的大阳线，等于主力已告诉了大家，这个股票要启动了，作为一个短线投资者应具有这个洞察力。

图 3-20　川润股份（002272）　日线图

由于短线投资风险大，对于U形反转类型的股票具体买卖方法还有细则，这里不方便详细阐述，望读者朋友们不要盲目套用，如想进一步了解更多的短线投资方法可以与笔者联系。

在熊市中，短期惊天逆转的大牛股很多，比如川润股份（002272），见图3-20，该股在2012年2月8号以9.01元开盘，而后股价一路攀升至午后封在涨停板上。短线行情就此启动，当天给了投资者足够的进场机会，接下来有三个交易日横向整理，如果是激进类型的投资者可以在此跟进。此后，股价一度攀升至最高价21.62元，24个交易日涨幅达140%多。2014年上市的新股行情都有短线投资的机会，只要利用价值趋势去选股，捕获这样的牛股不是难事。

（三）短线快速获利的投资秘诀

短线投资能让财富快速增长的方法，就是我们前面讲过的复利投资，尤其是短线复利。我们先了解下投资终值的计算公式：

投资终值 $=P\times(1+i)^n$。P 为原始投入本金，i 为年投资工具回报率，n 为投资期限的长短。

年份	资金额（万元）	累计收益率	资金额（万元）	累计收益率
	10.00	10.00%	20.00	15.00%
1	11.00	10.00%	23.00	15.00%
2	12.10	21.00%	26.45	32.25%
3	13.31	33.10%	30.42	52.09%
4	14.64	46.41%	34.98	74.90%
5	16.11	61.05%	40.23	101.14%
6	17.72	77.16%	46.26	131.31%
7	19.49	94.87%	53.20	166.00%
8	21.44	114.36%	61.18	205.90%
9	23.58	135.79%	70.36	251.79%
10	25.94	159.37%	80.91	304.56%
11	28.53	185.31%	93.05	365.24%
12	31.38	213.84%	107.01	435.03%

如果我们把 n 换成持仓股票次数，使用原始投入本金为 10 万元。每次获利为 10%，只做 12 次来计算，到第 12 次成功获利，投资收益即：10 万 $\times(1+10\%)^{12}$, 本加利总资产为 31.38 万元。如果投入本金为 20 万元按每次 15% 来计算，那么做 12 只股下来，本加利总资产为 107.01 万元，见上表。

这就是短线复利的威力所在，当然每次盈利 10%、15% 需要持股一定的时间，有时几天就能达到目标，如果按平均每次持股时间一个月来计算，持股 12 次需要一年时间。短线复利的重要性大家都清楚，很多投资者都明白，不要一夜暴富，要持久盈利，但一夜“暴利”的思想仍在；所以，不要求单只股赚多少倍，方法不需要多，投资成功就是简单的方法反复去做。只要 15% 的长期复合收益率，短线复利也能让投资者小资金快速实现财富梦想。

六、破译主力拉升股票各大手法

（一）庄家拉升股票的案例讲解

前面建仓章节里讲过，主力建好仓之后就会择机拉抬股价，股价启动时就是最好的介入点，主力拉升股价的手法很多，这里没法全部给大家讲解，其实上面已经讲了两种手法，第一种是**U形反转启动型，**宝莫股份（002476），维科精华（600152）2011年3、4月份行情都是这种手法。第二种是**慢牛型**。酒鬼酒（000799），三爱富（600636）2011年3、4、5月份行情，山大华（000915），上海莱士（002252），都属于慢牛启动型，现在给大家补充一种直接启动型。

（二）主升浪行情经典案例

直接启动型属于主升浪行情的一种，其特征：利用重大重组利好，建仓完毕后一般停牌一个月左右，复牌后股价一字板涨停启动，启动具有爆发力和突然性。这种手法在启动时散户要跟风买进风险很大，要参与此类个股也不是没有方法，有些个股涨停打开后可以参与，有些则不能，因为市场短期波动，会造成价格偏离该股内在价值，这里核心的问题是此时股价是否高估。如果股价没有透支，当然可以回调时跟进了，下面列举2012年牛股维维股份

（600300），见图 3-21。

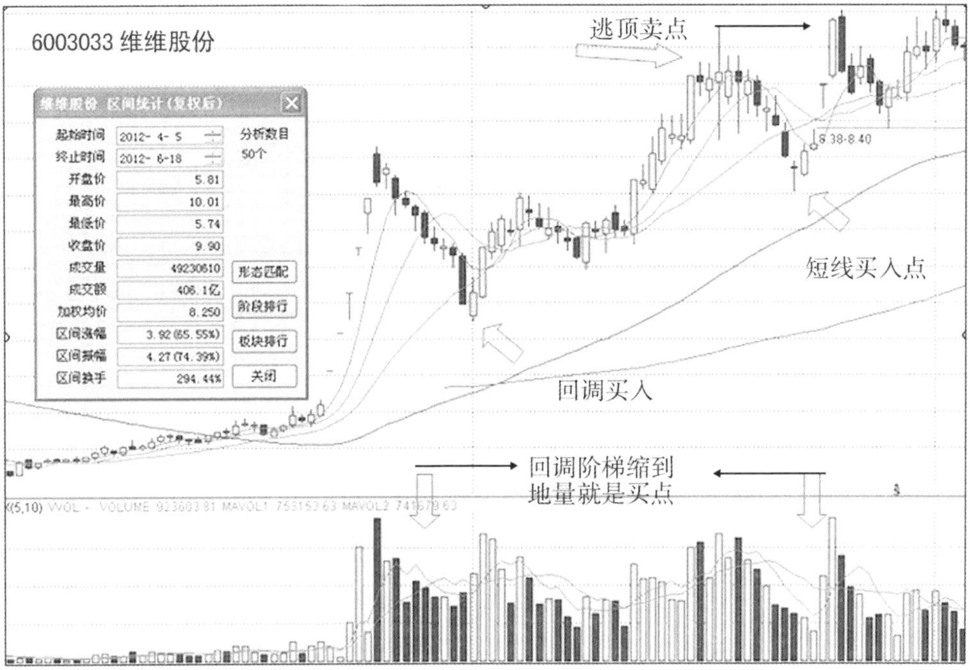

图 3-21　维维股份（600300）　日线图

如图所示，在启动前几个月时间里成交量非常小，价格在有限的空间内盘升，几乎没有趋势。此时参与的投资者几乎都会被洗盘出局，当股价启动后一字板涨停，根本没有买进机会，当涨停板打开后股价则深度回调，盲目追高的投资者深套其中至少 10 个交易日，如果是回调到低点买入的投资者能在短期内获利 65%。在 2012 年单边下跌的大熊市已经是非常可观的利润，这就是大趋势中把握小趋势的操作方法,这种行情的启动模式叫**直接启动型**。

类似这样的个股有很多，2009 年天山纺织（000813）见图 3-22，该股自 2009 年 7 月 22 日起因公司重组停牌，一年后的 2010 年 6 月 18 日复牌交易，开盘后连续 5 个一字板涨停股价已到 10.61 元，离前期箱体均价涨幅近一倍之多，随后价格回调 8.7 元左右，此时是否能介入，就要看价格是否高估了。

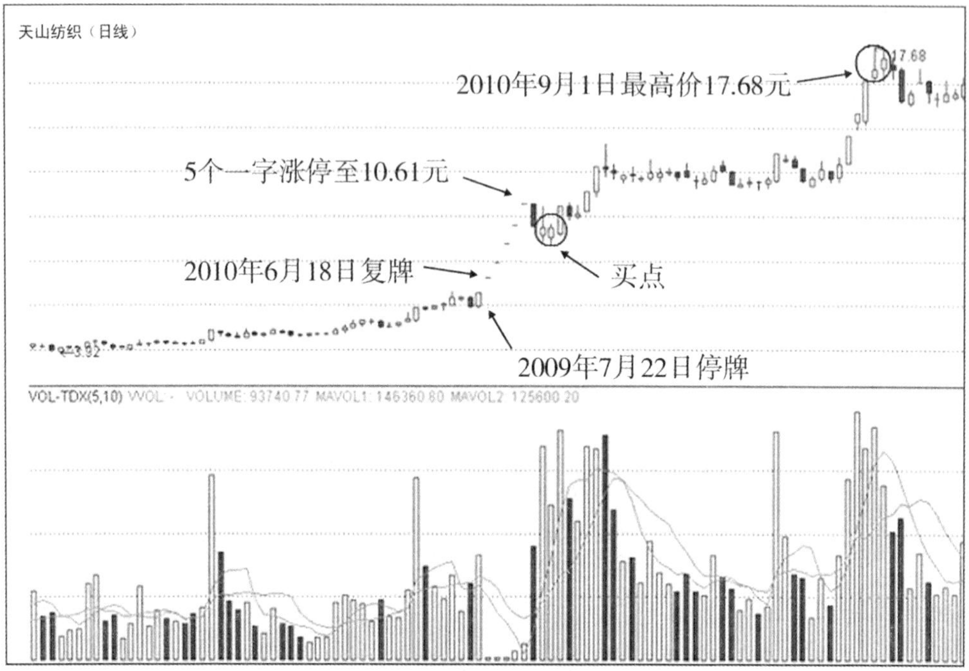

图 3-22 天山纺织（000813） 日线图

笔者当时根据自创的价值趋势估值法推算，股价上涨仍有空间，在此介入后到 9 月 1 日涨至最高价 17.68 元，在 38 交易日里涨幅近一倍之多。

新时达（002527），公司拟筹划发行股份购买资产事项，以 2013 年 11 月 20 日开市起临时停牌。在两个月后的 2014 年 1 月 28 日开市起复牍，开盘后连续六个交易日股价“一字”板涨。当第七个涨停打开后，股价距前期箱体平台涨幅一倍多，根据该股终合评估，短期内该股 20 元以上股价已被高估，此时不宜介入，此后股价从 2 月 20 日的最高价 23.77 元，回落到至 5 月 16 日最低价 14.54 元，59 个交易日跌幅近 40%，见图 3-23。该股也是同样利好息信停牌，复牌后股价启动具有爆发力和突然性，可当涨停打开时，短期内就不能介入了。如果不懂评估股价是否高估，盲目的介入深套其中就会相当

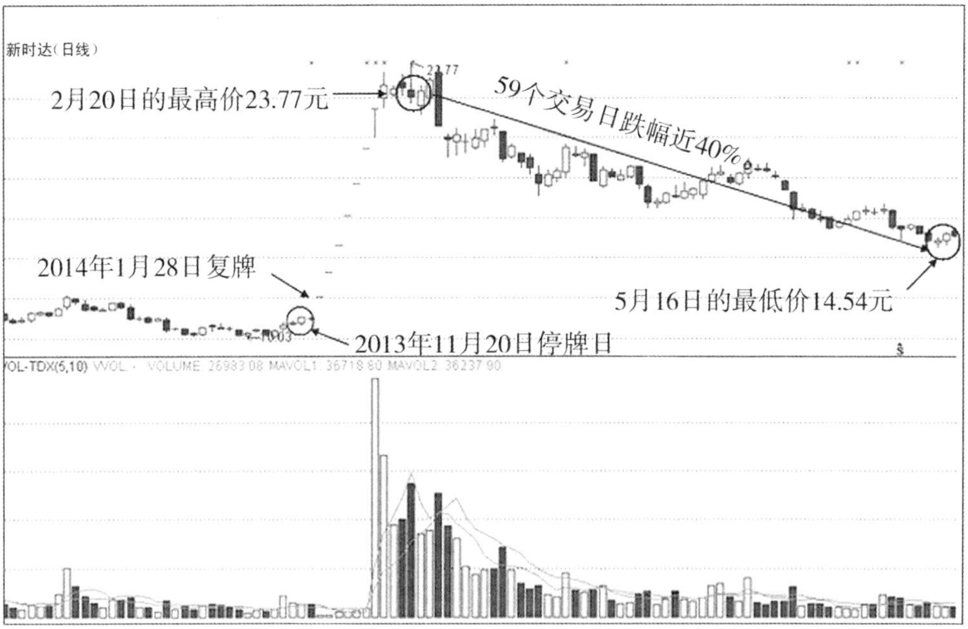

图 3-23 新时达（002527） 日线图

长时间，就会把原本想做短线的计划被逼成做长线，当持股时间长了耐心消磨完后，大多数投资者只能选择“割肉”离场，最终变成了为股市做奉献。

参与直接启动型的股票，虽然短期内能获取高额回报，但具体的买卖法则在没有掌握清楚的情况下，读者最好不要套用，因为对于普通投资者来说个股估值的测算有一定难度，再说还有一些细节没有在这里公开。直接启动型的个股在 2013 年也有很大一部分，主力拉升股价的手法，就给大家介绍这以上三种，望读者朋友能从中得到启示。

七、熊市中挑选翻倍牛股的独家秘笈

前面章节里讲到股神巴菲特的投资理念，他曾说："只有退潮时才知谁在裸泳"，这句话在A股市场中也一样适用。2012年开年行情维系了一个月左右，接下来一整年时间，都是弱市行情，大多数股票市值都缩水个股普跌。在这种回调浪潮中，能逆市稳步上涨的个股，才是熊市中的大牛股，才没有在"裸泳"。

（一）弱市行情如何选股

在熊市中，经常会被投资者问到，为何行情这么差你也敢进场，而且持仓的个股还能稳步上涨，其中的秘诀在哪里？其实这也没有什么秘诀可言，所谓的"股神"只是个传说。熊市中持仓的个股要想做到稳步上涨，在选股思路上就必须找到主力介入深，内在价值稳健的个股，投资者在选股思路上，不但要看技术面，还要结合基本面，笔者也就是遵循价值趋势投资理的选股思路。从技术形态上来看，慢牛型拉升的个股会是熊市中的一枝独秀，基本面优秀的公司，在二级市场上的股价表现会更突出。

在本次退潮中，笔者当初持有的酒鬼酒（000799）涨幅也远超于指数，交割单为证，见图3-24，笔者一贯只讲事实不讲故事，只有亲身经历过的交易，

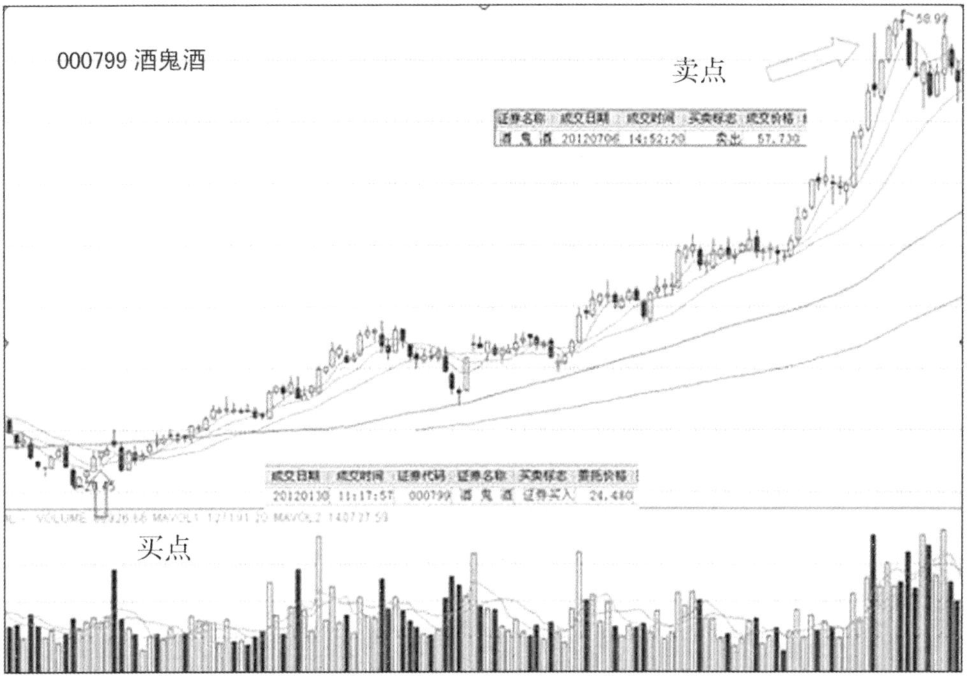

图 3-24　酒鬼酒（000799）　日线图

才会刻骨铭心，接下来把当初的选股思路和读者朋友们分享。

（二）熊市中长线大牛股实例解盘分析

现对当初该笔交易做个简单回顾，2012 年一月买入时后面行情还没走出来，只有根据主力资金建仓，和当时股价所处的位置来判断，前面本篇第五章，从量价关系解密主力，讲过如何发现主力如图 3–16，周线量能酒鬼酒（000799）成交量呈山字形。既然已发现了主力建仓，只要等待进场机会出现就行了，参与过早会蒙受主力洗盘的痛苦，参与晚了股价已涨到高位，获利空间不大，还有高位站岗的风险；行情何时启动，我们就何时参与。当然，这里最保守的方法还是看股票估值，只要是价格低估，符合笔者的价值趋势买入法，做好资金

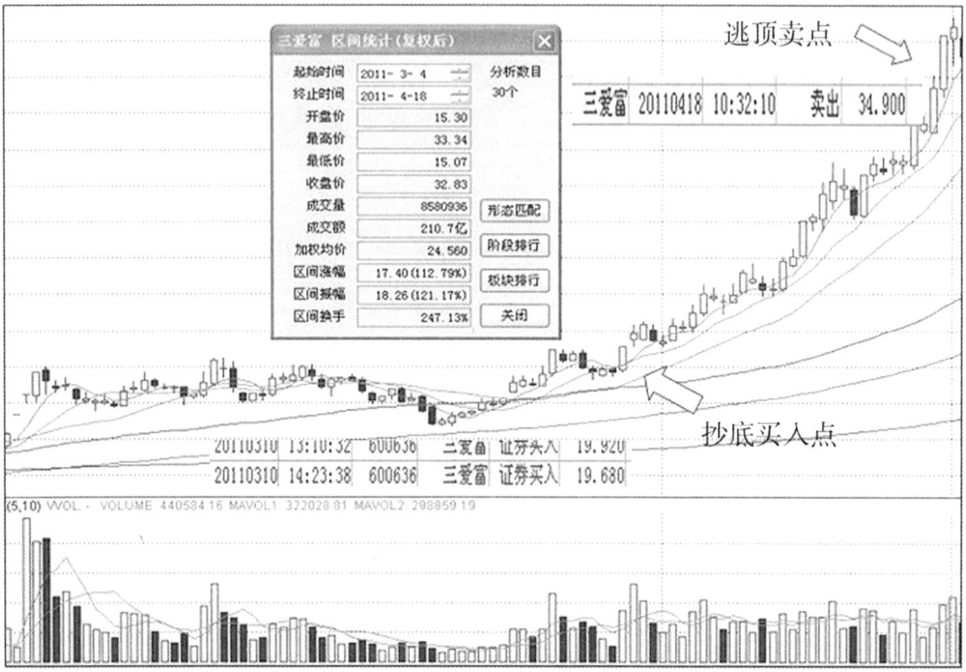

图 3-25 三爱富（600636） 日线图

管理，就可以大胆买入，双保险的操作模式可以永远和亏损说再见。

最后建仓价位是 2012 年 1 月 30 日均价 24 元左右，最后卖出日期为 2012 年 7 月 6 日 57 元价位附近，107 个交易日区间获利 145%。当笔者卖出后股价就大跌，又一次顺利逃顶，充分验证了笔者逃顶方法的可靠性。只要持股期间股价稳步上涨，卖后股价大跌对笔者没有什么损失，作为二级市场的投资算是成功。

在 2012 年大熊市里类似这样的牛股很常见，比如欧菲光（002456）、歌尔声学（002241），2011 年的三爱富（600636）等，见图 3-25，该股的选股思路就不在书中描述。在弱市行情中只有主力建仓充分，价值稳健、趋势形成的个股才能抗跌，有时体现尤为突出。在熊市中，很小的利空信息都会无限放大，引发行情激烈地波动，投资者只要按价值趋势投资理去选股就能稳中求胜。

八、如何在牛市逃顶及在熊市中抄底

（一）顶部和底部的定义

股市中所谓的顶和底只是相对某个时间周期内，某一价格区域，并不能用具体点位或价格来代表底或顶，市场上没有一个牢不可破的顶和底，只有趋势所形成的波峰或波谷。虽然有些技术分析人士分为大底部，中级底部和阶段性的底部，反之，大顶、中级顶和阶段性的顶部。也有个别人士取名为“婴儿底”“钻石底”“地球顶”，让A股市场投资者嘴上“呵呵！”。

如果突然某天指数大跌，投资者之间见面会问，这次逃出了吗？或者突然某天指数大涨，又会问你抄底了吗？看来逃顶抄底是投资者心中最希望做的一件事。的确，因为投资者平时都做短线交易，买入价位相对较高，如果突然趋势反转，遇到一次中级趋势的调整，没有及时逃出来，深套其中时间可能需要几个月，或者更长时间，亏损程度至少60%以上，甚至无法估算。再则，待行情反弹后，在低位没有介入的投资者只能追高买入，又将面临被套风险。虽然顶和底都是相对某一时间周期而定，并不是绝对的。但这些波峰和波谷对于短线投资者来说非常重要，因为短线投资在选股思路侧重于技术分析，最希望做的是买在最低价，卖在最高价，要做到这个境界当然会面临一定的难度，笔者在本章内容介绍下自己所创的两套逃顶抄底法。

（二）量、价、时、空、逃顶抄底法

这套方法偏重于技术分析，结合K线形态、图表量能，价格和时间周期四大因素综合应用，适用于A股市场上大多数个股和上证指数、中小板、创业板指数。如果即将发生的大趋势反转，盘面都会从这四大因素上表现出来，笔者中短线交易一般用这个方法来做买卖依据。

逃顶实例：

2010年11月11日星期四，上证指数3186高点笔者就根据这套方法，带着身边的股民朋友们成功逃顶，下面对本次逃顶实录作解盘分析见图3-26。

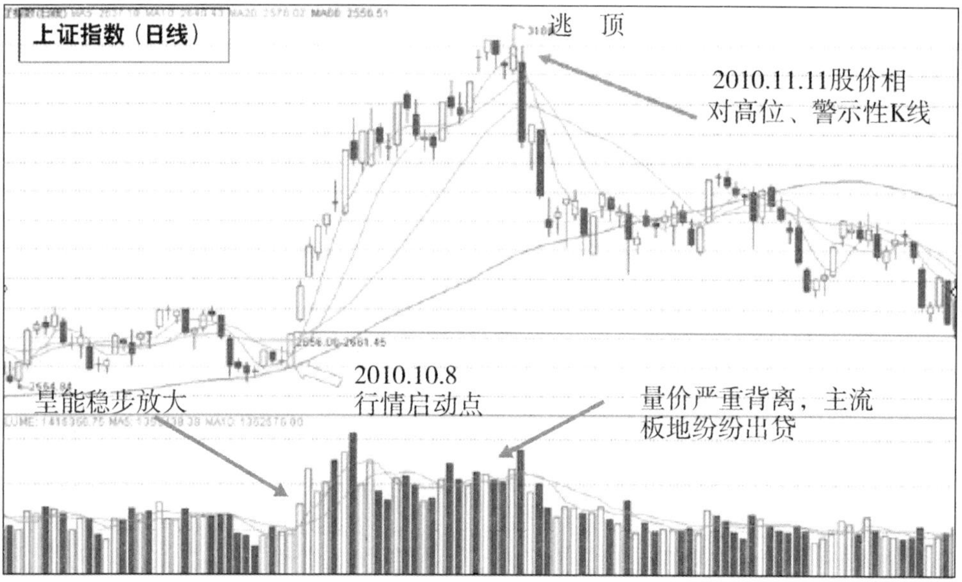

图3-26　上证指数日线图

先从本次行情起涨点分析，2010年10月8日，国庆假期过后第一个交易日，行情正式启动，也就是投资者常说的抄底，其实在9月底建仓的投资者才叫真正意义的抄底，这个底也只是相对这一时间周期，同时必须做好资金管理，从技术图形上分析，真正的底部要行情走出来才能确认。短线进场原则是行情不反转，资金不进场。10月8日，从量能K线技术形态来分析，行情确定为反转，可以大胆跟进，也可以从当天盘口和权重板块的动向来研判。而当时指数起涨的位置刚好是一波下跌行情的波谷，当天收市前30分钟K线图得到了进一步确认，虽然指数已经涨高了一些，如果此时介入的话，指数从2681.25点涨到11月11日3186.72点，期间涨幅近500点，回头看看当初的介入就不算是追高，而是买在起涨点。

顶部的出现一般会有警示性的K线，当行情上升到11月11日的前几个交易日，K线出现横盘整理，量能已经衰竭，这一轮行情领涨的大多数个股，价格上已有一定的幅度，从时间周期上来看，上涨行情已持续一个多月，量能和价格，空间和时间都具备顶部特征，那就只有走为上策，所以笔者当天果断离场，接下来的行情走势验证这一决策是正确的。

笔者对本次逃顶印象很深，那是2010年的11月11日星期四的晚上，笔者在深圳中南海滨大酒店，举办投资者交流会，我在台上讲的原话："就算后面行情还会上涨，我也宁愿先逃出来"。因为，就算是顶部预警信号出现后，指数还会惯性上冲的可能，在接下来的行情走势，验证了笔者当天的观点，这就是一个大趋势行情的顶部。在现场听讲座的投资者大多数躲过了这一"劫"，规避了不必要的亏损。2007年中国A股历史的大牛市6124点，和2009年3478点，2015年6月5178高点，顶部到来时笔者同样根据这一方法顺利出逃，这些成功的案例，充分证明了这套逃顶法的有效性。投资者应顺势而为，不能逆势而行，但前提条件是要预知趋势何时变盘，如果读者朋友们对这一逃顶方法感兴趣，可以进一步与笔者联系。

（三）价值趋势逃顶抄底估值法

对于个股而言，笔者创导的价值趋势逃顶抄底估值法，可以提前估算出顶部和底部价格区域,估算出来误差在１０%左右,价值趋势逃顶抄底估值法，是中长线投资者长期稳定获利的法宝，是大资金、机构投资者必备的核武器。但这套估值法对于题材股，和重组概念股的顶部估算误差会大些，解决这一问题，笔者用另一套逃顶法来估算，对大底部价格区域也同样可以估算出来，至于这套方法的详细内容这里就不便阐述了。

（四）熊市如何抄底

投资者一般讲的底部，都是技术底,在某一时间段的价格低位,或者是中级趋势的底部。如果要确定熊市中的大底，一般要有政策性利好，除技术面本身的形成外,配合政策的利好市场底部才可靠，所以又称政策底，只有这两者共振形成的底部才算是真正的底。从趋势理论来分析，在下跌趋势中没有底，趋势没有得到有效反转，就不能确定哪个点位是底部，只有底部走出来后才知道,但是从量价时空方面来分析，底部没有形成之前还是有据可依。大底的特征：一般量能的萎缩代表下跌趋势进入末期,稳步放量或突然放量代表上涨的开始。对于中小投资者来说，这个时期介入可能会比较有兴趣，因为能见到立竿见影的收益。

对于底部的形成笔者从价值趋势角度来分析,当价格偏离价值太远，价格被市场低估后股价自然会反弹。当大部分个股的价格都偏离它对应价值时，市场整体上涨趋势才会形成，这就是价值趋势定义为的底部，既安全又可靠。对于机构投资者来说，大量的资金在趋势明确后再进场可能有些晚了，所以

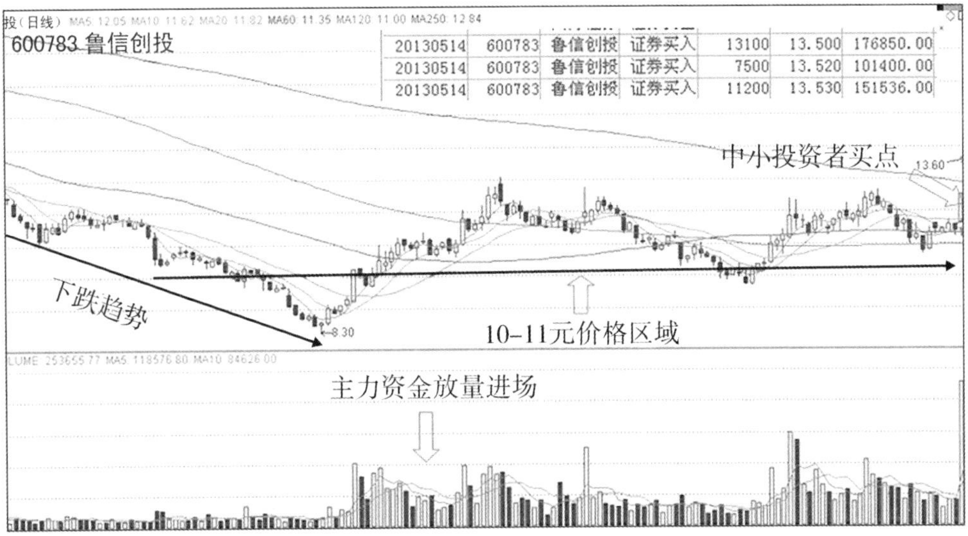

图 3–27 鲁信创投（600783） 日线图

机构投资者，都是在下跌趋势中的底部区域资金就悄悄进场了。

价值趋势抄底法的实际应用：

鲁信创投（600783），该股从 2011 年 6 月份除权后，股价从 23 元一路下跌到 11 元区域，在该价格区间整理出一个平台，见图 3–27。如果应用价值趋势抄底法来估算，那么，算出来的底部价格在 10 元左右，从图中可以看出，当股价下跌至 10~11 元区间下方有强大的支撑，验证了这一区域就是底部价格，也是机构资金买入区域。

市场最底价出了现 8.3 元，但这种短期内的低价是受当时市场环境所影响，市场给出的意外惊喜，时间非常短，如果之前 10 元区域有建仓买入，当然这里应进一步加仓，但加仓的时间不会太多，仅有几个交易日，随后机构大批资金加仓买入，从而抬高了股价。

对于中小投资者来说，可能不会在横盘整理的这个区域买入，就算是有

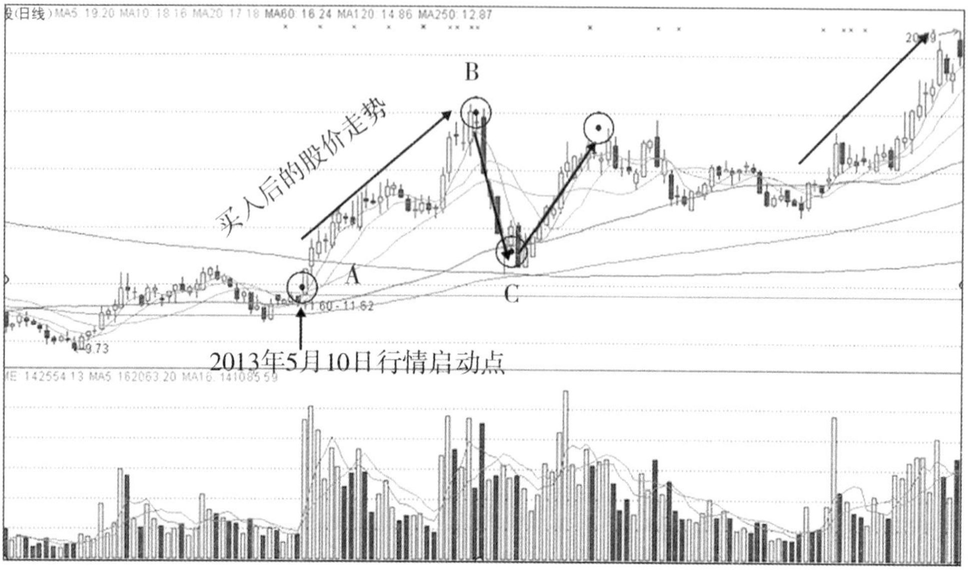

图 3-28　鲁信创投（600783）抄底后的走势图

介入，之后的横向洗盘也会被洗出来，图中可以看出，横盘期间股价的涨幅非常有限，足以摧毁小股民的持股信心。那最好的买点是在 2013 年 5 月 10 日，因为这一天是上涨行情启动趋势确定。投资者买了就涨，而短期内可挣 50%以上利润，见图 3-28。

图中可以看出，价值趋势行情启动后，配合量价做波段操作，假如在 A 点买入，B 点可以卖出，当股价回落到 C 点时，又是行情启动的价格，股价在这里得到了支撑。所以此时可以追加买入，后面股价再也没有回落到启动价格区域，证明前面行情启动有效，回抽是确认启动价格。后面持股就行了，何时为卖点，这也可以根据价值趋势估值法提前算出来了。这样的抄底才是真正意义上的抄底，投资者可以根据自己的资金大小来定，做好资金管理，选择正确的介入时机。该股截止到 2013 年 12 月 03 日，最高价涨到 23.4 元，38 个交易日股价上涨一倍见图 3-29。

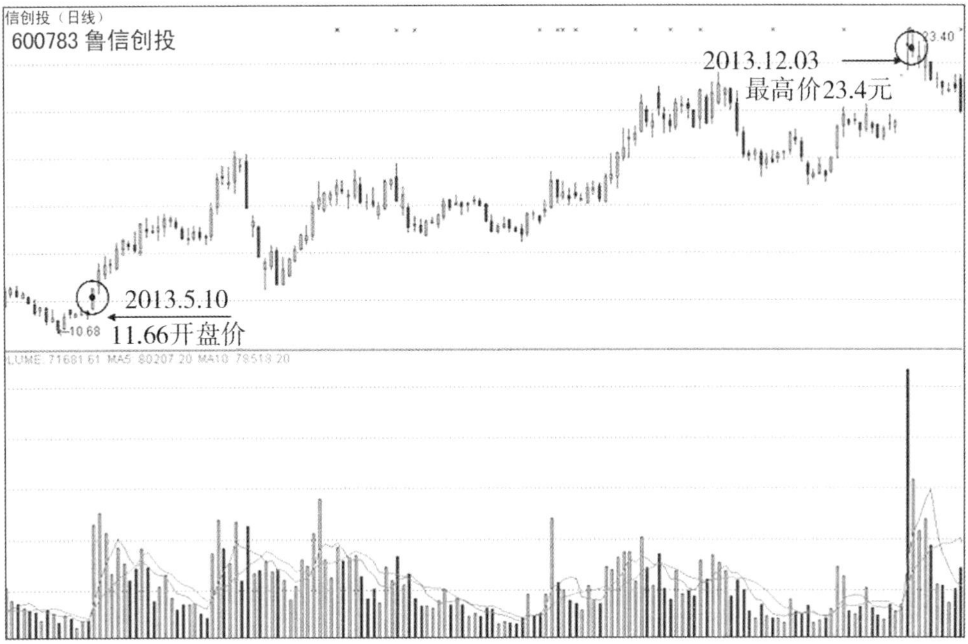

图 3-29　鲁信创投(600783)抄底后138个交易日股价上涨一倍

当然，不是说成功抄底后，股价就会连续上涨永不回调，如突遇恶劣市场环境，股价回抽也在所难免，另外，当价格兑现其价值后，股价就会自然回落。投资者不必每天追涨杀跌，不必担心抄底后还会出现大幅亏损，只要提前估算出底部价格区域，耐心等待买点出现才介入，价值趋势操底法让投资者实现轻轻松松做交易。

这就是价值趋势抄底法的实际应用，书中没法把每一次抄底案例都罗列出来。价值趋势抄底法比任何技术上的抄底都靠谱，从笔者这些年来的实践经验证明，成功概率非常高。投资者应尽量做到少交易，每年只要有一两次抄底成功，账户上的资产至少翻一倍。

九、如何解读盘口语言

盘口语言包括买、卖委托挂单，成交单（量能）、分时图三个部分，是短线投资者买卖交易重要的参考依据。但对于价值趋势投资理念来说，只是判断行情启动才有帮助，对于研究主力出货阶段盘口特征没有太多意义，因为价值趋势估值法，可以提前预估算出个股顶部价格区域，当股价涨到目标价后，手中的筹码已提前卖出大部分了。对于主力建仓阶段的盘口语言在前面章节里讲过，这里不再重复。要想读懂个股盘口语言，必须先学会分析指数盘口信息。之后才讲个股行情启动阶段、拉升阶段以及分时图的盘口特征。

（一）如何结合指数在分时图上找买卖点

短线投资者应结合指数的波动来找买卖点，也需要与大盘走势同步的个股才适用；如果强于或弱于指数的个股，就有可能会造成误判，这就需要根据个股情况而定。

盘口涨跌率的分析（涨跌率以每 10 分钟为一段），在交易时间内红柱多数时间维持在 0 轴的上方，表示指数处于强势即涨家数比跌家数多，图 3-30 下半部分图；反之绿柱多数时间维持在 0 轴的下方表示行情处于弱势，即跌家数多于涨家数，图 3-31 下半部分图，不过涨跌率只显示当天，次日就不保留记录。

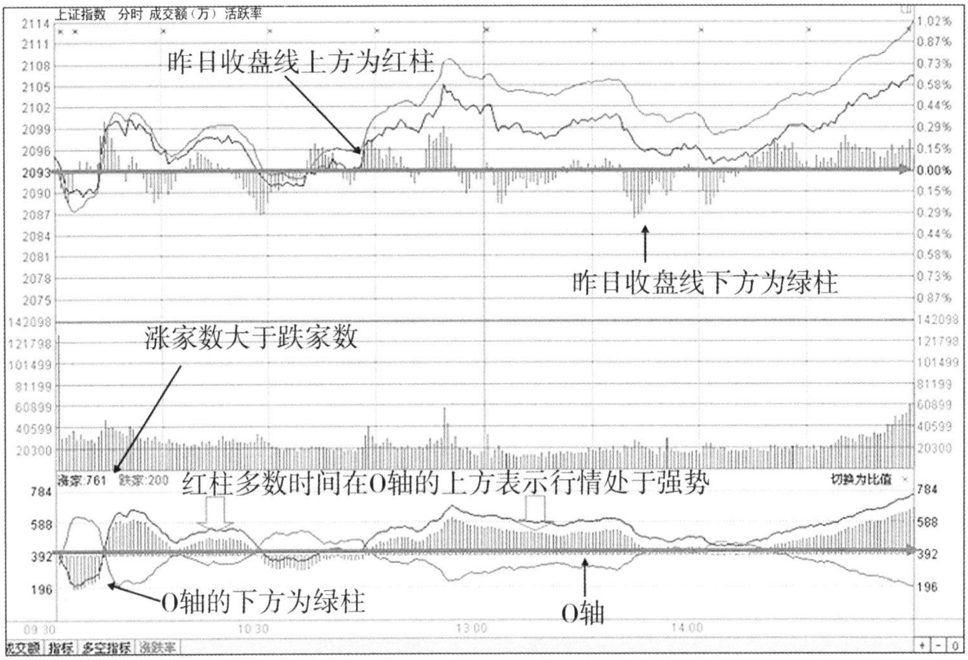

图 3-30 上证指数涨跌率

（1）白色曲线：表示大盘加权指数，证交所每日公布大家常说的大盘指数。

（2）黄色曲线：大盘不含加权的指标，即不考虑个股盘子的大小，而将所有股票对指数影响看作是相同而计算出来的大盘指数。分析这两条曲线相互的走势可得出这么个结论：当行情上涨时，如黄线在白线之上，表示流通盘较小的股票涨幅较大；如果黄线在白线之下，表示流通盘大的股票涨势要强于小盘股。当行情下跌时，黄线在白线之上，表示流通盘较小的股票跌幅小于大盘股；黄线在白线之下，代表小盘股跌幅大于大盘股。

（3）多空强弱指标：以昨日收盘线为中轴的红绿柱状线，见图 3-30 上半部分，是反映市场即时所有股票买盘与卖盘在数量上的比率。红柱线的增长与减短表示上涨买盘力量的增减；绿柱线的增长与缩短表示下跌卖盘力量的强弱。如果要当天买股票，则需要选择第二次绿柱底部背离，则第二波绿柱的底部高于前一波，同时配合成交量稳步放大才进场。如果要卖股票，得等到红柱顶背离时才是最佳的卖点,这里还需要结合日K线所处的位置来定。

（4）下面的红、绿色柱线是即时成交量，柱子低矮表示交易量少；高则表示交易量大，见图3-31。

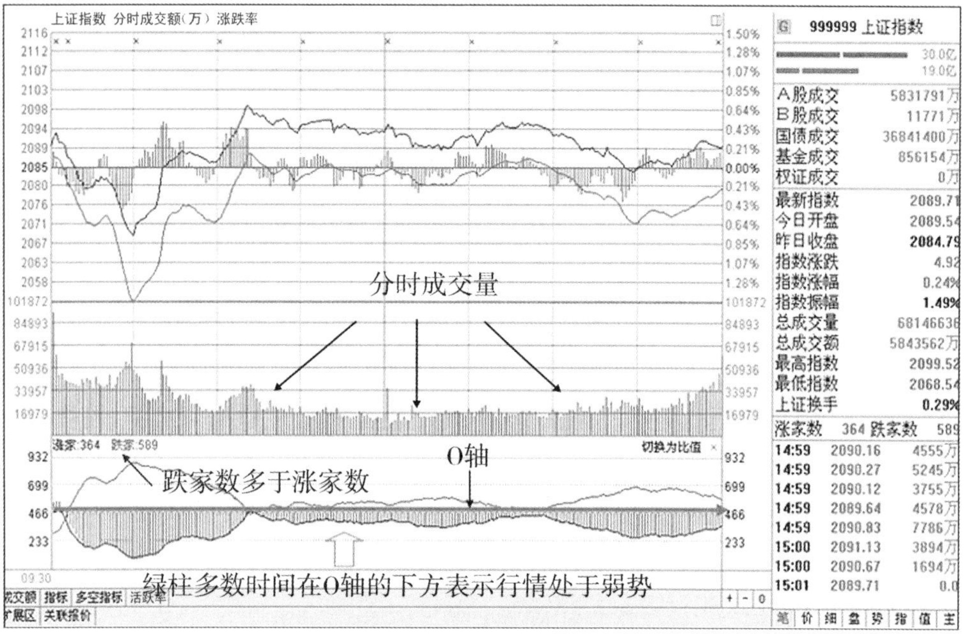

图 3-31 上证指数涨跌率

（二）如何解读个股盘口语言

（1）白色曲线：表示股票实时成交所形成的价格曲线，常称股价线。

（2）黄色曲线：股票即时成交的平均价，即当天成交总金额除以成交总股数。

（3）外盘和内盘：股市术语中内盘常用S表示，外盘用B表示。外盘又称主动性买盘，是卖出价格成交的累积成交量，即买方主动以高于或等于当前卖一、卖二、卖三等价格下单买入的股票实时成交总量，用红色显示。外盘的多少显示了多方急于买入的能量大小。

内盘：内盘又称主动性卖盘，以买入价格成交的累积成交量，即卖方主动以低于或等于当前买一、买二、买三等价格下单卖出股票实时成交数量，用绿色显示。外盘反映主动买的意愿，内盘反映主动卖的意愿。在通常情况下我们得出这么个结论：

外盘大于内盘：当外盘大于内盘时，股价将可能上涨。

内盘大于外盘：当内盘大于外盘时，股价将可能下跌。

投资者在分析外盘和内盘时，要注意结合股价所在低位、中位还是高位以及该股的总成交量情况。因为外盘、内盘的数量并不是所有时间都有效，在许多时候外盘大，股价并不一定上涨；内盘大股价也并不一定下跌。

（4）量比在盘口语言中也是一个重要的指标，是衡量相对成交量的指标。它是开市后每分钟的平均成交量与过去 5 个交易日每分钟平均成交量之比。

量比＝现成交总手 ÷［过去 5 日平均每分钟成交量 × 当日累计开市时间（分）］

使用细则：

量比为 0.8~1.5 倍，则说明成交量处于正常水平。

量比在 1.5~2.5 倍之间则为温和放量，如果股价也处于温和上升状态，则升势相对健康，可继续持股，若股价处于下跌时，则可以认定下跌趋势难以在短期内结束，从量能方面判断应可考虑卖出。

量比在2.5~5倍，则为明显放量，若股价相应地突破重要支撑或阻力位置，则有效突破的概率极高，可以采取相应地买入或是卖出。

量比达5~10倍，则为剧烈放量，如果个股是处于长期低位出现剧烈放量突破，涨势的后续空间巨大，是“钱”途无量的象征。但是，如果个股在一段行情的顶部出现如此剧烈的放量，则值得高度警惕。

量比达到10倍以上的股票，一般可以考虑反向操作。在上涨中出现这种情形，说明见顶的可能性很大，即使不是反转，至少接下来会盘整相当长一段时间。在行情处于阴跌的后期，突然出现的巨大量比，说明该股在目前位置彻底释放了下跌动能。

量比达到20倍以上的情形基本上每天都有一两单，是极端放量的一种表现，这种情况的反转意义特别强烈，如果在连续的上涨之后，成交量极端放大，而股价出现“滞涨”现象，则是行情顶部强烈信号。当某只股票在一段下跌行情的底部出现极端放量，则是建仓的大好时机。

量比在0.5倍以下的缩量情形也值得关注，其实严重缩量不仅显示了交易不活跃的表象，同时也暗藏着一定的市场机会。缩量创新高的股票多数是长庄股，缩量能创出新高，说明庄家控盘程度相当高，而且可以排除拉高出货的可能。缩量调整的股票，特别是放量突破某个重要阻力位之后缩量回调的个股，常常是不可多得的买入机会。

涨停时量比在1倍以下的股票，上涨空间很大，第二天开盘即封涨停的可能性极高。在跌停板的情况下，量比越小则说明杀跌动能未能得到有效释放，后市仍有巨大下跌空间。当量比大于1时，说明当日每分钟的平均成交量大于过去5日的平均值，交易比过去5日活跃；当量比小于1时，说明当日成交量小于过去 5 日的平均水平。

量比同样也只显示当天，次日消除，也没有历史记录，盘手在实际上应在盘中终合考虑。

（5）个股实时分时图是盘口语言重要的部分，K 线的最终形成要收盘后，而分时图领先于 K 线，所以实盘中必须与分时图相结合来分析，才能更准确的分析盘口语言，研判股价的下一步走势。

在个股分时图两条曲线中，黄色曲线叫均线，白色曲线叫股价线；如果交易日内大多数时间股价线在均线之上，代表股价强势，图 3-32 是 2013 年 8 月 05 日苏宁云商（002024）分时图。

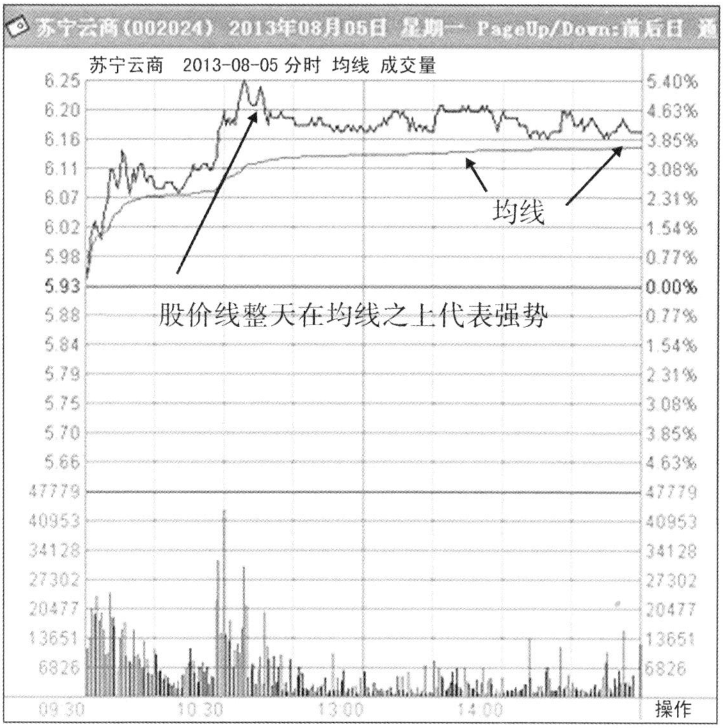

图 3-32 苏宁云商（002024） 分时图

从图中可以看出，股价线全天在均线之上运行，代表该股当天买盘踊跃多方强势上攻，当日股价所处的位置又是相对低位。接下来 42 个交易日股价从 5.9 元涨至最高价 14.3 元，上涨 135.92% 见图 3–33。

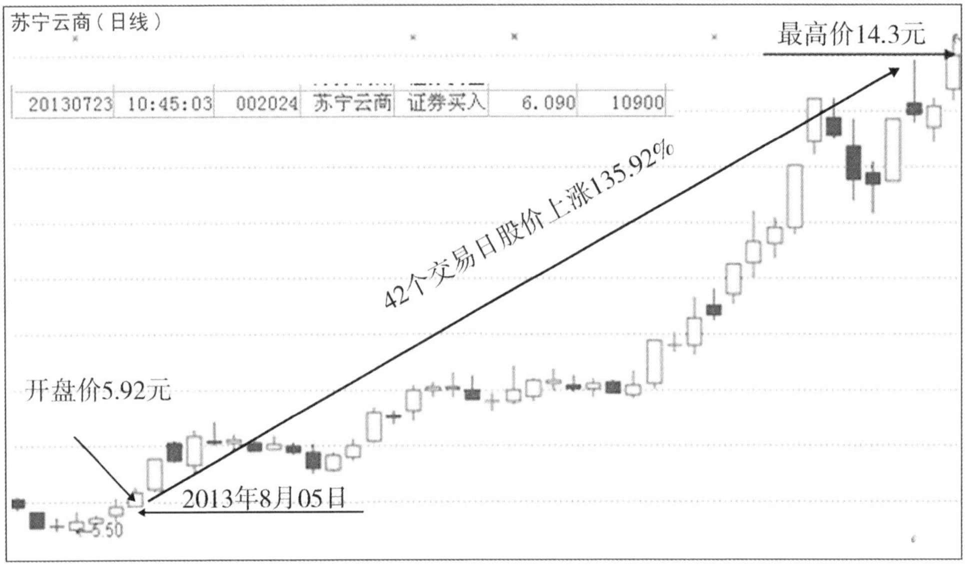

图 3–33　苏宁云商（002024）　日线图

反之，在交易时间内，如果股价线大多数时间在均线之下波动代表弱势。接下来有可能行情反转或横向整理，图 3–34 是 2013 年 10 月 11 日苏宁云商（002024）分时图，下面曲线是股价线。从图中可以看出股价线整天在均线之下波动，代表上涨力度减弱，接下来要进入调整。后面的行情走势验证这一观点，当天就是本轮上涨行情以来的反转日，见图 3–35。

这就是读懂分时图盘口语言的重要性，它优选先于 K 线，比所有指标都重要，是盘口语言重要的一部分，有些投资者整天看着分时线的上蹿下跳，心脏也跟着一样在跳动，当股价往上翘时心里兴奋，股价往下掉时情绪低落，炒几年股满头白发，人生最大的悲剧莫过于此！读懂分时图完全可以让你省心。分析分时图也要根据股价所处的位置而定，强势与弱势做对比参照物找

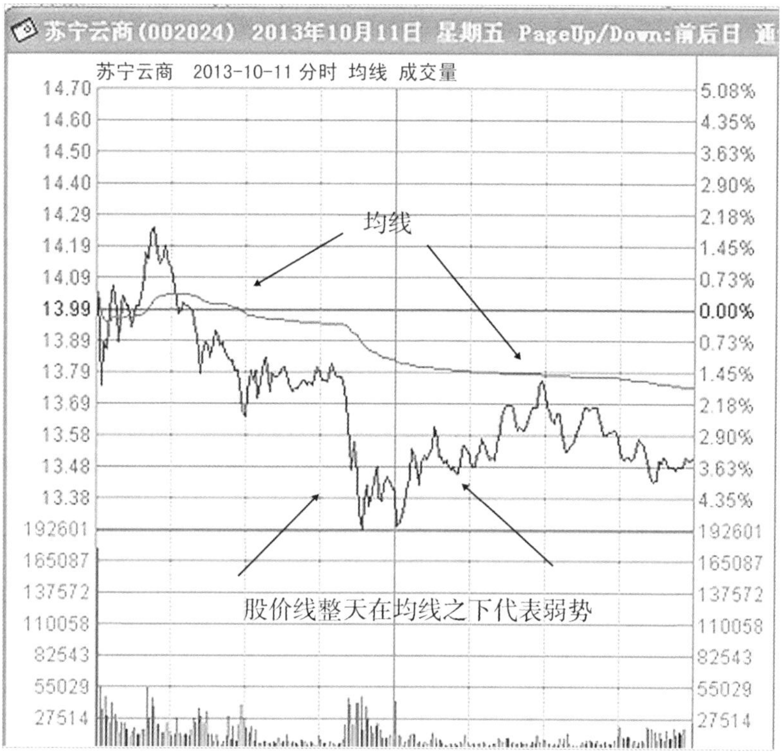

图 3-34 苏宁云商(002024)2013 年 10 月 11 日分时图

图 3-35 苏宁云商(002024)

相对应的板块指数，创业板股票建议选择创业板指数作对比，主板股票选择上证指数作对比，中小板的股票选择中小板指数作参照物，但中小板股票有时也需要和上证指数对比。要根据个股而定，并不是一成不变，如本案例中的苏宁云商（002024），2013年10月11日分时图，和当天上证指数分时图对比，见图3-36。

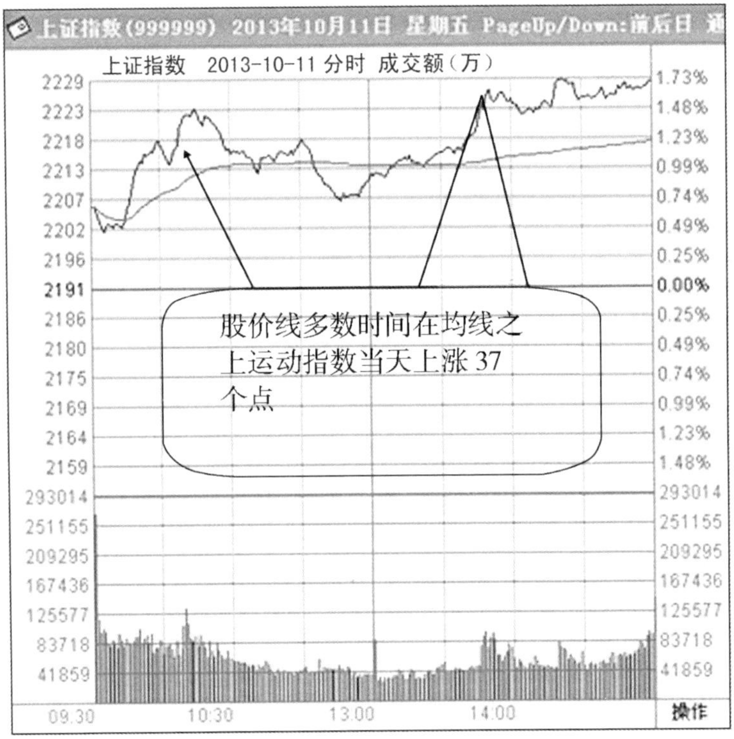

图3-36 上证指数2013年10月11日分时图

从图3-34和图3-36对比得出，苏宁云商当天的股价从上午10点开始明显弱于指数，股价线一浪低于一浪向下回落。再结合日K线股价所处的位置，距离底部已涨幅一倍多，与此同时上证指数是一波高于一波往上涨，当天上涨37个点，笔者结合逃顶法，选择离场止盈才是上策。

以上两种盘口选择对比时间应在上午 9:45 分左右，一般在 10:30 分进入成交高峰期，同时指数通常会在交易日内最高位置，如有持仓打算卖出股票在这个时期卖出，可以卖到相对高价。还有一种盘口就是平衡状态：是股价线和均线相互缠绕在一起。发生分离时间多数会在下午 13:30 分左右，这个时间段如果股价线向上突破则买进，反之离场出局，选择参照物当然是对应的板块指数。下面以均胜电子（600699）为例，2014 年 1 月 02 日分时走势，见图 3-37，该股早盘小幅低开，上午股价线和均线多处相互缠绕在一起，多空双方力量达到平衡，而在午盘 13:10 分股价突然拉升，股价线打破多空平衡向上发力，当天收盘涨幅 8.18%。再分析一下日 K 线所处的位置，股价刚好处在一波回调的低点，见图 3-38，在此买进当日便可获利，是一波上涨行

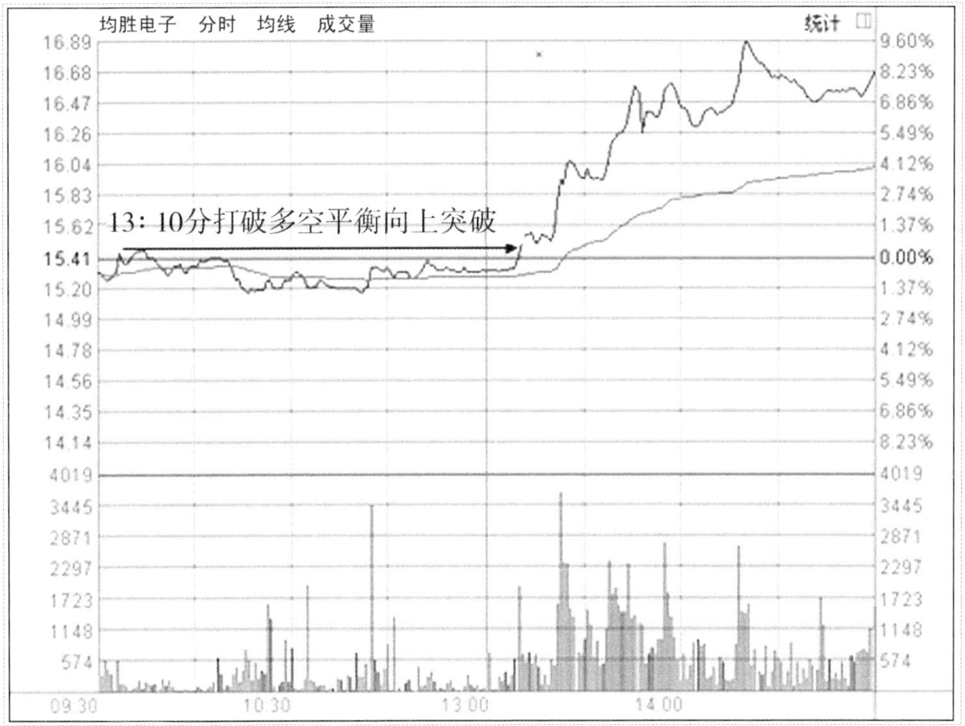

图 3-37 均胜电子 2014 年 1 月 2 日分时走势

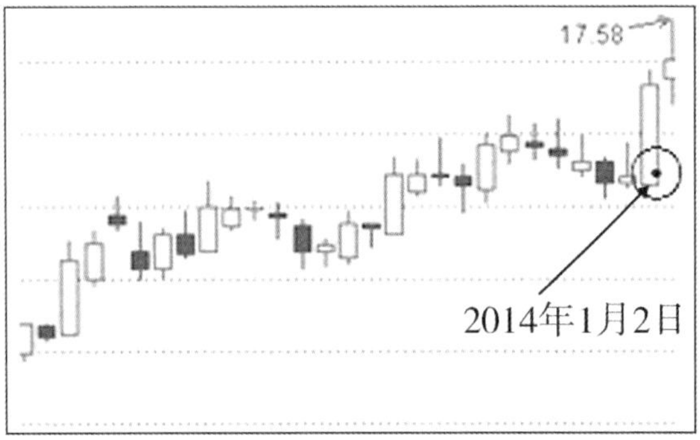

图 3-38　均胜电子 2014 年 1 月 2 日 K 线图

情的启动点。

与此同时做对比参照物的是上证指数，从图 3-39 可以看出，上证指数当天走势在前一个交易日收盘线之下波动，全天处于弱势。

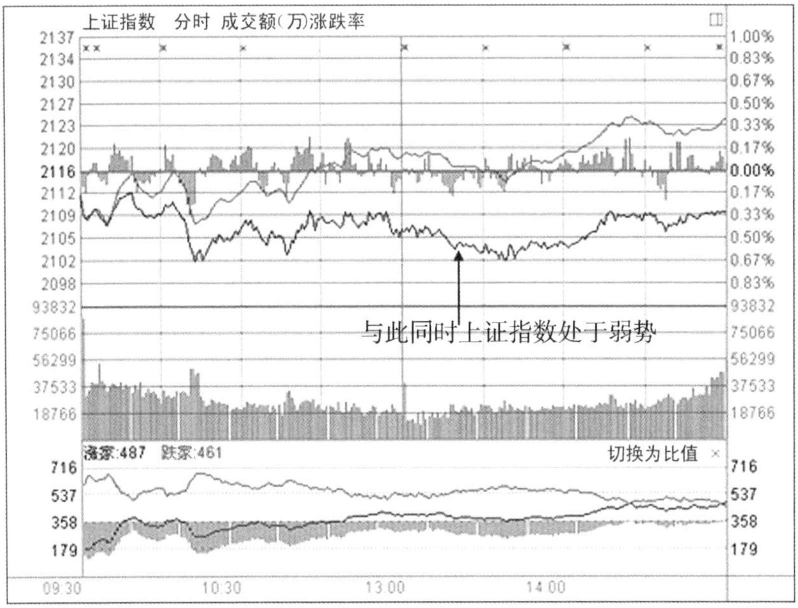

图 3-39　上证指数 2014 年 1 月 2 日分时图

个股分时图上基本就这三种趋势：强势、弱势、平衡状态。目前中国股市有上证指数，中小板，和创业板指数，应选择对应大盘指数做对比参照物，这就是在弱势中找强势股最有效的方法。但是，这也有个股拉高出货的情况，在分时上会表现得强于指数，这又是另一种盘口，所以结合整体趋势来分析尤为重要。

（三）行情启动拉升阶段的盘口特征

拉升阶段盘口特征：委买栏中买一至买五价格不断增高；同时伴随买单数量不断增加，量能不断堆积，委卖栏挂单一般为压迫式挂单。

压迫式挂单：是指在委卖栏中连续出现三档以上的大卖单（常见的有：递增压迫式、递减压迫式和混合式三种）其目的就是制造该股上涨抛压很大，让市场中的散户投资者不敢跟进，恐吓散户卖出手中的筹码。这都是行情启动拉升阶段盘口挂单现象。

（1）递增压迫式挂单是指在委卖栏中，出现三档以上的递增式大卖单，即第二档的挂单比第一档的大，第三档的挂单比第二档大。主力摆出这样的盘口目的是告诉大家，上面的卖单压力越来越大，给出上面抛压巨大的假象。恐吓投资者趁早卖出手中的股票，见图 3-40。

（2）递减压迫式挂单是指在委卖栏中出现三档以上的递减式大卖单，即第一档挂单最大，后面两档依次减少，见图 3-41。这种盘口目的是想告诉大家，想要卖股票必须卖在大单价格之下，如果股价要上涨，就得等卖完这些大单之后，这种盘口表现多数会出现在股价启动之前最末阶段。这些大单是用来控制股价上涨之用，目的还是拉升前最后洗盘。

大盘股

委比	-69.13%	委差	-5562
卖⑤			
卖④	8.80		4823
卖③	8.79		993
卖②	8.78		691
卖①	8.77		297
买①	8.76		248
买②	8.75		31
买③	8.74		559
买④	8.73		334
买⑤	8.72		70
现价	8.75	今开	8.01
涨跌	0.75	最高	8.76
涨幅	9.38%	最低	7.36
总量	14.9万	量比	1.47
外盘	80108	内盘	68482
市盈	89.4	股本	4.62亿
换手	6.86%	流通	2.17亿
净资	2.54	收益(一)	0.02

小盘股

委比	-29.47%	委差	-280
卖⑤	5.74		250
卖④	5.73		83
卖③	5.72		150
卖②	5.71		115
卖①	5.70		17
买①	5.68		90
买②	5.65		10
买③	5.62		97
买④	5.61		84
买⑤	5.60		54

图 3-40　递增压迫式挂单盘口特点

中盘股

委比	-78.91%	委差	-3547
卖⑤	4.60		690
卖④	4.59		131
卖③	4.58		129
卖②	4.57		1462
卖①	4.56		1609
买①	4.53		88
买②	4.52		118
买③	4.51		112
买④	4.50		147
买⑤	4.49		9

小盘股

委比	-54.05%	委差	-908
卖⑤	11.67		148
卖④	11.66		138
卖③	11.65		960
卖②	11.63		5
卖①	11.60		43
买①	11.59		100
买②	11.58		143
买③	11.57		52
买④	11.56		51
买⑤	11.55		40

图 3-41　递减压迫式挂单盘口特点

（3）股价在拉升阶段分时图特点：

从分时图上分析，如果股价线全天在前一个交易日K线中心点以上价格区间波动，或偶尔峰值会高于前一个交易日，并且收盘价等于或略高于前一个交易日，代表上涨趋势持续，可继续持有；比较标准的案例是奋达科技（002681），2013年9月17日到10月8日，那段上涨行情见图3-42；这样的情形在后面的拉升中也反复出现过，接下来还会进一步分析该股其他阶段分时图盘口。

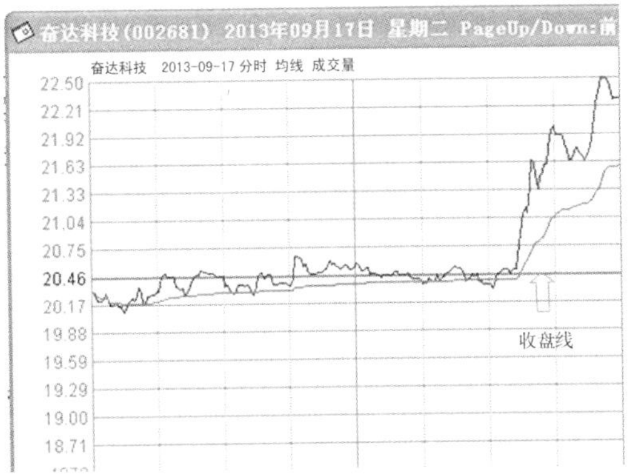

2013 年 9 月 17 日

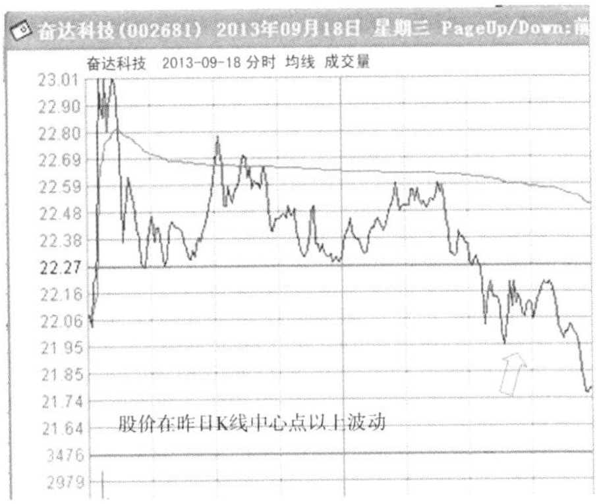

2013 年 9 月 18 日

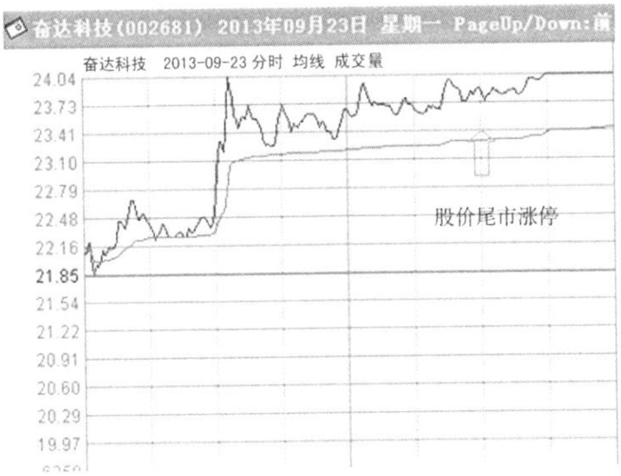

2013 年 9 月 23 日

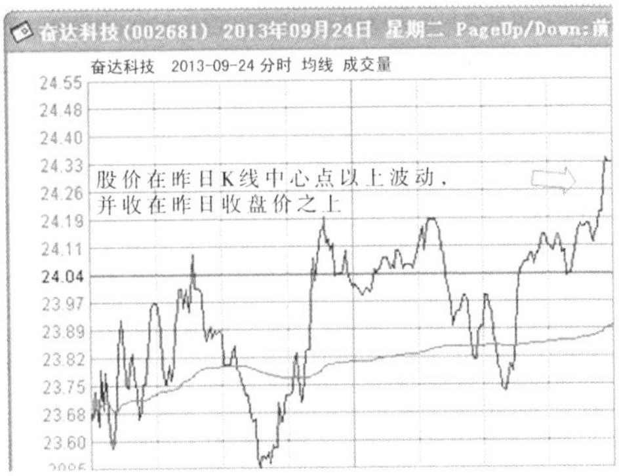

2013 年 9 月 24 日

图 3-42 奋达科技（002681） 上涨行情分时图

上面所列是行情启动后 4 个交易日分时图，从图中可以看出每天的股价线都在前个交易日 K 线中心点以上运行，这就是股价拉升中盘口分时图。

如果股价线全天在昨日 K 线中心点以下波动，或下穿前一个交易日最低价长达 30 分钟以上，并且均价线压制着股价线，若此盘口出现在一波上涨行情的高位，此时应抛出股票。如收盘价等于或略低于前一个交易日，在大多数情况下代表趋势反转或将横向整理。对于短线投资者来说应在次日逢高抛出手中的股票。这也是短线买卖股票最有效的止损、止盈方法。

十、如何捕捉涨停板

国外证券市场没有涨停板这一名词，中国自 1996 年 12 月 16 日起，沪、深证券交易所分别对上市交易股票（含 A 、B 股），基金类证券交易实行价格涨跌幅限制（即每日涨跌限制为上日收盘价的 ±10%），此后，市场中就有了涨停与跌停这两个名词出现，这也进一步反映主力的操盘意图。根据涨停板的位置和特性，更能反映是主力机构是吸货、拉升还是出货行为。不是所有涨停板都可以去追着买,此时股价是高估还是低估,是什么类型的涨停板，做出相应判断后才能去介入。

（一）涨停板的位置与属性

如图 3-43 所示，涨停板出现在 A 点为吸货， B 点为主力洗盘、C 点为

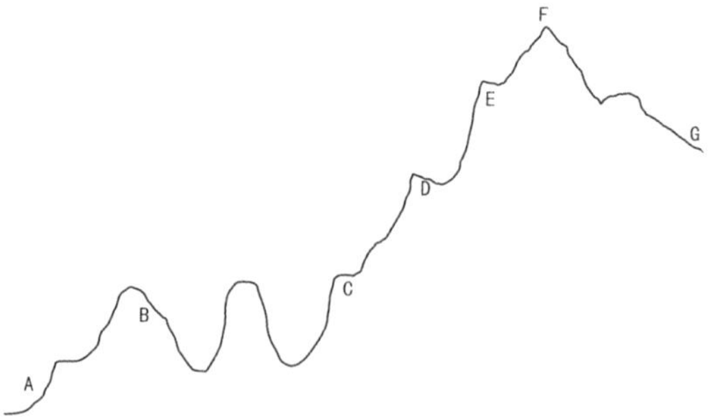

图 3-43　涨停板对应位置与属性

行情启动、D点为拉升中、E、F点为主力诱多出货，G点反弹出货。其中买在行情启动点C获利最快，下面详细举例讲解。

（二）行情启动涨停板

其特点：股价在相对低位，价格被低估，启动具有突发性，分时图上股价线强势有力。短期翻倍牛股中，从K线图来分析，多数以涨停板或大阳线启动为主。涨停板启动的个股主力拉升意愿更强烈，其盘口表现为：开盘后半小时内巨单拉至涨停，分时线短促有力，通常几个波段就拉至涨停；强势股通常跳空高开，一波直线就把股价拉至涨停，封停后缩量。这样的盘口出现，普通投资者要抢到筹码机会不多，但可以从中研判行情是否启动，下面列举创业板中上海新阳（300236），见图3-44。

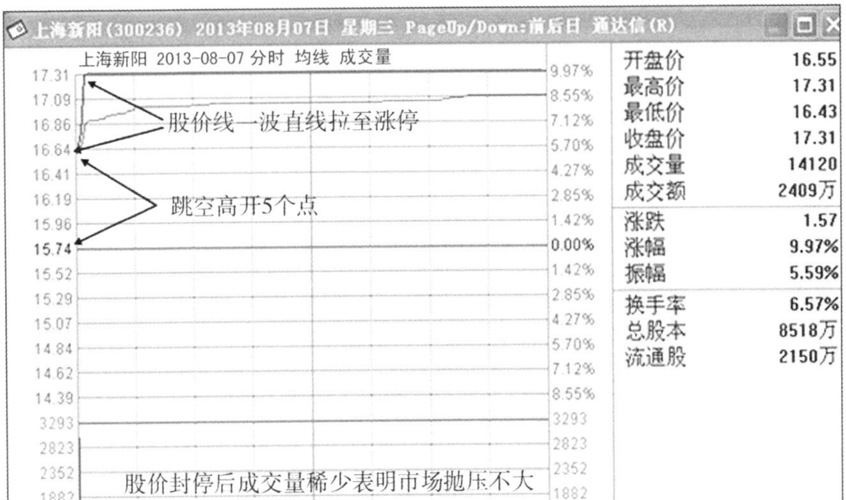

图3-44 上海新阳（300236）行情启动涨停分时图

2013 年 8 月 7 日，该股突破前期盘整阻力位跳空 5 个点开盘，随后在 5 分钟内股价直线飙升至涨停，股价封停后成交量稀少，这代表上方无抛压，上涨空间已打开行情已启动。此后，该股连续三天涨停，截止 2013 年 11 月 29 日，股价从 16.64 元涨到最高价 45.25 元，共 115 个交易日，涨幅达 175.41%，见图 3-45。

我们来分析该股基本面，上海新阳是智能穿戴概念股，智能穿戴产品是未来消费类电子主流方向，主力炒的是未来价值，启动当天价格 16.64 元和该股对应的价值做对比属于低估，由此可见，该股 8 月 7 日的涨停K线就是启动涨停板。

图 3-45　上海新阳（300236）　日线图

只要我们确定价值趋势行情已启动，后面就算是追高买入，也可以在短期内赚到 1.75 倍利润。类似这种涨停板启动的个股有很多，如 2013 年 5 月

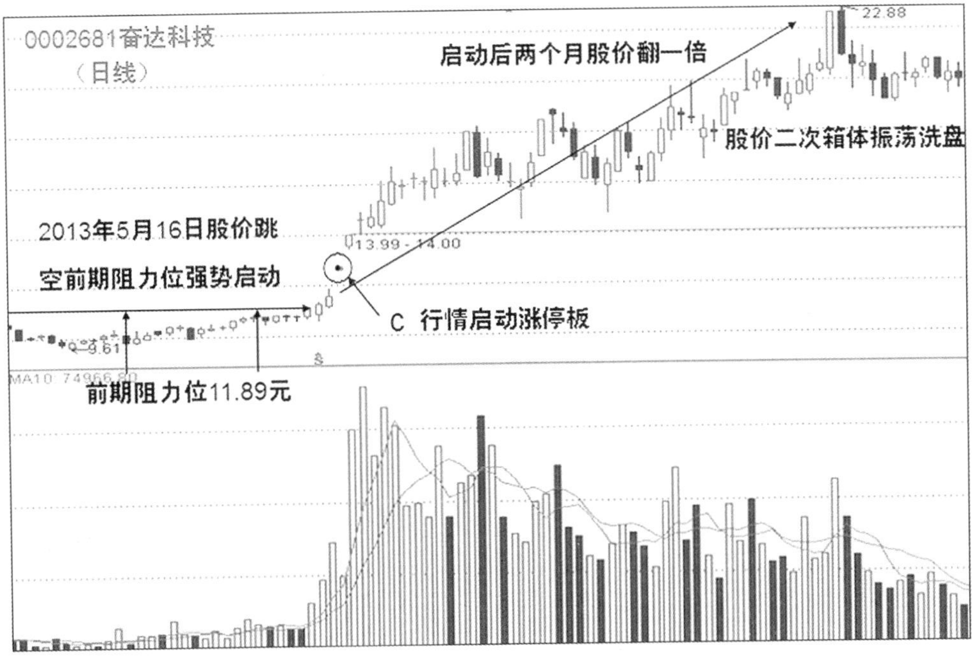

图 3-46　奋达科技（002681）

16 日奋达科技（002681），见图 3-46，启动当天股价跳空前期箱体阻力位 11.89 元开盘，随后在两个月期间股价涨幅达 100%，虽然启动当天没有买入的机会，但后面有很多机会可买。股价在 22.88 元附近进入横向洗盘整理，而后在 2013 年 9 月 17 日再次启动，见图 3-47，图中 C 点为启动涨停板。

截止到 2013 年 11 月 19 日最高价涨至 74.88 元，6 个多月时间股价涨幅达 5.2 倍。在二次启动中笔者当时也有部分持仓，图中交割单就是本人的买卖记录。因当时资金在其他股上，该股在二次启动时没有及时调仓，当天的追加买入也在短期内带来了一倍多收益。

我们同样从内在价值方面来分析当初行情的启动，该股不但是智能穿戴概念，而该公司现有电子产品已在市场占有一定的份额，主力炒的是现有价

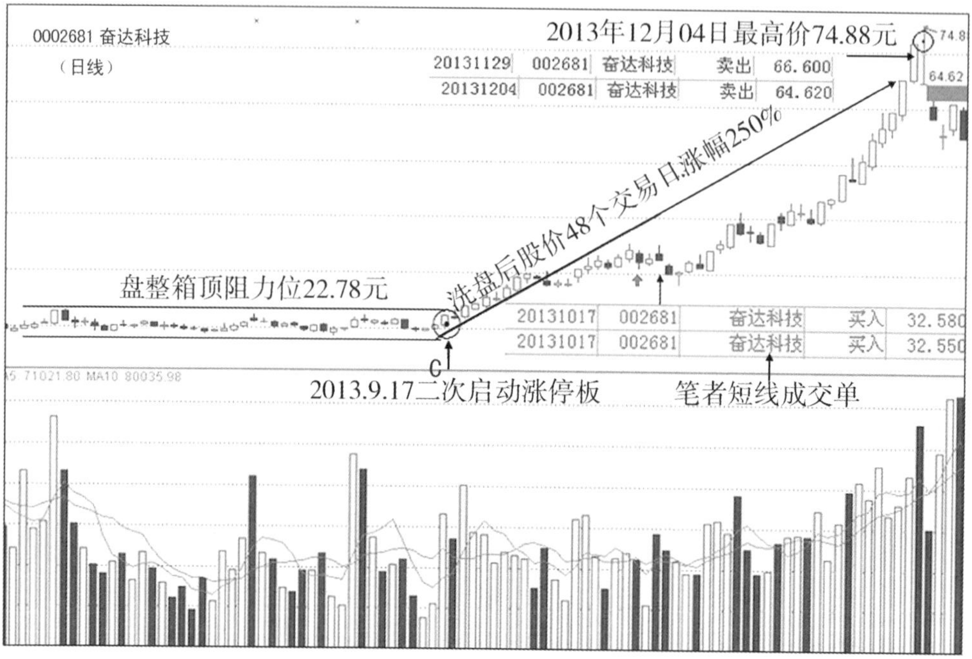

图 3-47　奋达科技（002681）股价二次启动后走势图

值和未来价值，启动当天价格 11 元和该股对应的价值做对比属于低估。可见该股 5 月 16 日涨停 K 线就是启动涨停板见图中 C 点，投资者只有买在这种行情启动涨停板，才能获得超额利润。

（三）拉升途中的涨停板

拉升中的涨停板多数是连续涨停为主。还有一种比较特殊的涨停，那就是慢牛型拉升的涨停板，这种涨停板的特点：一旦涨停，后面几个交易日股价会回调，但不会跌破该涨停板的最低价，下面举个例子，上海莱士（002252），见图 3-48。

图中所标 D 点，是 2013 年 7 月 3 日该股在拉升过程中的涨停板，图中

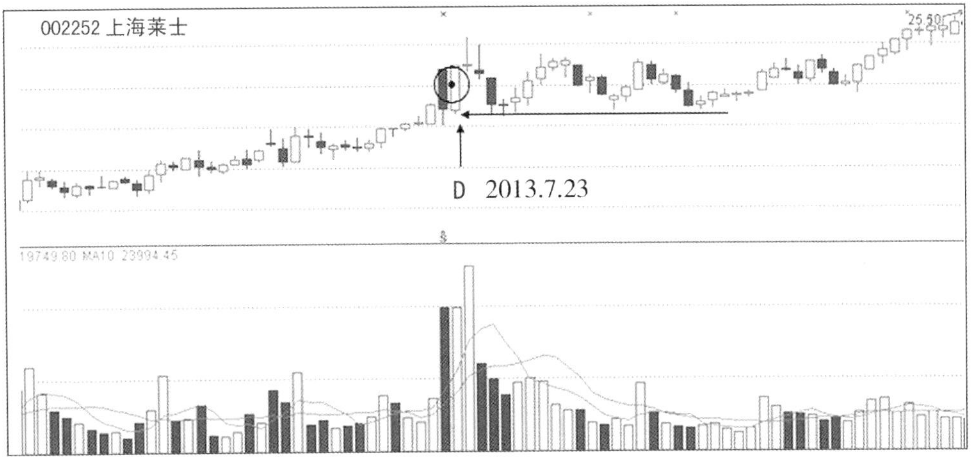

图 3-48 上海莱士（002252） 拉升途中的涨停板

可以看出，当日涨停后接下来的几个交易日股价回抽，消化了当天的涨停。但回调价格没跌破涨停当天的开盘价，这就是慢牛型股票拉升过程中的涨停板。如果持有该类型股票，某天股价突然涨停可以做个高抛，等待股价回调

图 3-49 上海莱士（002252） 日线图

后再接回，以降低成本。该股稍做横向整理后，涨势强于指数一路高歌，直到 2013 年 12 月 24 日，最高价涨至 56.47 元，见图 3-49，笔者的持仓是 23 日以每股 50.8 元分批卖出，图中卖单为笔者持仓。

（四）出货性质的涨停板

出货性质的涨停板，又称反弹行情涨停板，其特点：股价已高估，处于一波上涨行情的高位，行情没有持续性。这种涨停板投资者追高买入亏损的可能性非常大，一旦套住就无法脱身，除非亏损离场。因为这种涨停是为引诱散户接盘而设置上攻的假象。下面用美欣达（002034），2011 年 08 月 04 日涨停板来举例，见图 3-50，小图部分是涨停板当天分时图，从早上盘面分析。

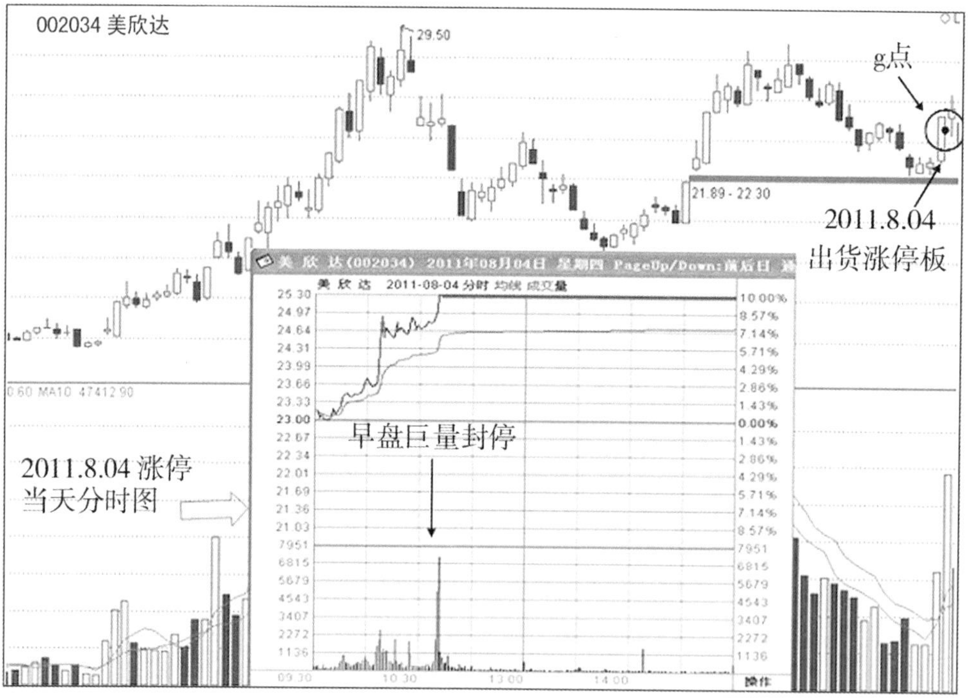

图 3-50　美欣达（002034）出货涨停板当天分时图和 K 线图

巨量买单连续放量把股价推到涨停，涨停后成交量稀少，按常理来分析，这种盘口是主力强势拉升的表现，但其实是假象，是反弹行情主力为吸引散户接盘而故意拉高出货的涨停。接下来的股价走势验证了笔者这一结论，股价由当天 23 元区域跌至 2012 年 11 月 30 日，最底价 7.55 元，见图 3-51。

图 3-51　美欣达（002034）出货涨停板出现之后的行情走势图

从估值方面考虑，此时股价相对于该股价值短期内已经高估。我们回头看看，如果买在这种反弹出货类型涨停板，深套其中一年多时间，亏得惨不忍睹呀！很多投资者看到涨停就以为是强势上攻，快速下单追高买入，这是一种风险极高的做法。因此，投资者只要读懂了涨停板的特性，就算是追高买股票，风险也不会太大，还能在短期内获得超额回报，读者朋友们在没有掌握其特性的情况下，最好不要去模仿操作，以免造成不必要的亏损。

十一、价值趋势启动成为超级大牛股

笔者经常会被投资者问到另一个问题是，几乎市场上大多数股票都是涨不了几天就回调，为何你中长线持有的股票，能持续上涨几年时间，其中的秘诀在哪里？其实我也没有什么内幕信息，我只是一直以来坚持我的价值趋势投资理念。像机构一样做分析，在买入一个公司股票前先做评估，并不是单看公司业绩。所有的股票业绩公布都是在股价涨起来之后，当散户投资者看到公布业绩利好后，短期内股价已涨幅很高，盲目跟风买入，都有可能造成短期被套的风险，由于普通投资者不能预测未来的股价走势，心中根本没有底，贪婪和恐惧的心理，最终割肉出局。

（一）未来价值分析思路

未来价值分析思路，主要体现在社会未来的发展导向，或者说对某个行业的预期，比如，中国人口将进入老龄化，据有关部门统计，从1999年开始中国60岁以上人口占到总人口的10%、65岁以上人口占到7%，中国步入老龄社会已经10多年了。从2010年开始，中国老龄人口将以每年800万的速度增加，到2014年中国老龄人口将增加到2亿。老年病中占最多的就是心血管方面问题，占老年病40%~50%之间，无疑，心脑血管疾病是威胁我国国民健康的头号疾病。

目前，在中国心脑血管疾病患者已经超过 2 亿人，这一数据表明有年轻化的发展趋势，包括心脏病、高血压、高血脂症等，与此相关的个股有天力士（600535），见图 3–52。

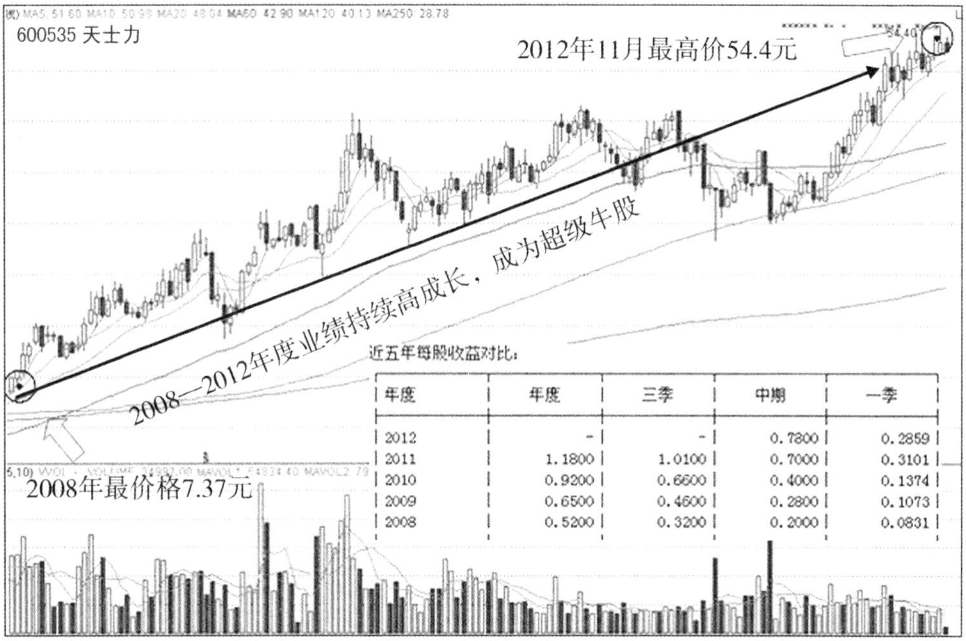

图 3–52　天士力（600535）　周线图

（二）现有价值分析思路

该股自 2008 年以来业绩持续增长，股价也从 2008 年最低潮 7.37 元涨至 2012 年 11 月最高价 54.4 元，区间涨幅 638.12%. 天士力（600535）是心血管方面用药生产企业，公司主营业务：复方丹参滴丸、养血清脑颗粒生产和销售；以复方丹参滴丸为代表，治疗心脑血管疾病类药品和以复方丹参滴丸为基础的丹参系列产品的研究开发。该公司所生产系列产品，主要用于心脑血管疾病方面治的疗，因此业绩能持续增长，公司现有业绩在股价上得到了体现。

（三）价值趋势综合分析法

从周 K 线上我们可以看出，该股自 2008 年资金进场成交量规律有序呈一个个川字形，股价一步步盘升，确认主力资金已建仓，大趋势已确认，只要把握好波段上的进场点，介入这样的个股都有比较好的收益。

投资也是一门艺术，艺术来源于生活。与我们生活息息相关的行业中，有些个股就有可能成为超级大牛股。对于病人来说最好的药品，是那种能一次治愈药到病除的良药，可患有心脑血管方面的病人，则需要长期不间断的用药。常说：有病看西医，养生找中医，要想寿而康，九分靠自己。而天士力公司生产的药品又是中药类，对于老年病养生来说，是相对安全可靠的长期用药。这就给投资者一个大好商机。我相信天天在给老年人看病的医生，并没有购买力天士力公司的股票，在药房忙碌工作的药剂师，也并没有想到这家公司的股票会成为超级大牛股。

医药行业的股票本来就是防御类品种，相对比较稳健，而天士力公司是稳定增长型行业中成为快速发展的公司，这类型股票就是我最喜欢的个股，也是我的投资组合中必不可少的品种。笔者并没有建议大家现在去购买这只股票，这里所谈的是一种投资思路，想要长期投资获取超额回报，就必须具备超前的市场眼光，和前瞻社会发展意识，只要用心去分析，A 股市场上还是可以找到类似这样的牛股，比如 2013 年的上海莱士（002252），行情启动价格 11 元多，涨至 2015 年 8 月最高价 94.5 元，期间包含除权送股，成为涨幅 10 倍大牛股。只要用价值趋势投资理念去选股，行情走势就有可能像天士力这只股票一样的表现，跨越了经济周期，战胜了熊市成为超级大牛股。

十二、如何控制投资风险

（一）止损的含义

乔治·索罗斯（George Soros）说："投资本身没有风险，失控的投资才是最大的风险"。对于复杂多变的证券市场来说，止损是一种相当重要的纪律。期货、外汇、黄金交易系统可设自动止损，而股票交易系统目前没有这项功能，人为止损尤其重要。止损最大的好处就是可以把损失限制在一定范围内，有效保存资金实力，以备来日再战。

"乔治·索罗斯（George Soros）

乔治·索罗斯（George Soros），出生1930年8月12日，犹太人，职业：金融投机家、社会活动家。一生主要成就牛津大学、耶鲁大学等名誉博士，1992年成功狙击英镑贬值，获利10亿美元，1997年狙击泰铢及港元，引发东南亚金融危机，代表作品《金融炼金术》。

对于基金经理来说，最致命的问题就是资产下行风险，如果管理的资产曲线波动过大，不利于产品后续的发行。当你的投资决策失误时，如果没及时止损，就会让自己越陷越深，导致无可估量的损失。常言道："会买是徒弟，会卖才算师傅"，其实这句话并不完全对，因为买点不对是卖不出利润来，只能说把握好卖点可将损失降到最小，当我们决定买入一只股票时，首先是观察买点是否出现，比如指数所处风险系数，股价是低估还是高估，趋势是否形成、止损价位设定，资金头寸管理，投资周期等下单前的准备工作。如果下单后市场突发利空引发股价大跌，股价运行方向与当初判断背道而驰，应坚决执行止损，这样的小亏损是可以允许，如果未能执行止损股价继续下跌，有可能带来更大的灾难，再想逃出来就更加难，只有止损后待市场稳定下来再进场。留得青山在，不怕没柴烧，留住明的天生存实力，比今天获利更为重要。虽然此次进场失败，也只是输了一时，没有输掉整个战役。

（二）常见的止损方法

止损分为投机止损和投资止损：投机止损是指在技术面的基础上相对于价格的变化；而投资止损相对于公司基本面价值的变化。笔者发现大多数投资者都没有正确运用止损，买入股票先是亏损2%、5%时并没有止损，而随着市场的进一步恶化，亏损扩大到20%、30%最终永不翻身。一旦行情反转，看着其他的股票在涨，而自己持仓的个股不涨，情急之下"割肉"换股，换过来的股票重复了昨天的故事，周而复始投入的本金就这样付之东流，这种止损只是把股票价格的变化当成一种止损。所以，止损需要谨慎运用。

另外，还有一种就是自我安慰心态：把股票留给我儿子了，我就不信涨

亏损比例	回本所需要的获利比例
2%	2．04%
5%	5．26%
10%	11.11%
20%	25%
30%	42.86%
40%	66.7%
50%	100%
60%	150%

不起来了，这些都是消极的心态。如果投资者处于这种情形，笔者建议先停下所有的操作，空仓一段时间，仔细想想自己错在哪里，学习总结后找出问题的原因，调整好心态后再进场。

下面以100万元投资额作为案例分析：

从表中可以看出，如果投资者亏损达60%，就得在现有仓位盈利150%以上才能回本，也就是说用现有仓位40万元，在不扣除任何费用的基础上，需要挣回1.5倍才能回本，这对于一般投资者来说，在短期内是不可能的事。这一数据足以证明当前一笔交易亏损后，要想赚回原始本金，下一笔交易盈利比例,要远大于前一笔交易的亏损比例,因此只有制定一套有效的止损方法，严格去遵守才不会深套其中。下面谈一下笔者的一些止损方法供大家参考：

短线交易都是投机止损，趋势线比较适用，在任何时候结合标的指数用支撑位和压力位都有一定参考意义，支撑价的设定首先要确定趋势，上升通道中则以通道为准。按自身所承受的亏损比例如5%、8%也可以，但一定要结合技术分析来操作。用均线来做参考依据，笔者认为不太靠谱。短线交易最有效的止损方法，是前面章节讲过的盘口语言分时图，这里不再重复。

（三）价值趋势止损止盈法

投资大师菲利普·费雪经历半个世纪的投资经验告诉我们：无论是经营公司还是股票投资，重要的是止损和不止盈，止损是指：当你发现持有的股票出现与当初判断，有相当大的变化时则卖出股票的做法。不止盈是指：即使持有的股票大幅上升但公司盈利仍将高速增长，继续持股的做法。

许多投资者往往做反了，买进一只股票有小获利总是考虑卖出；相反，买进的股票一旦套牢便一直持有，让亏损持续扩大，这种做法彼得·林奇称“拔掉鲜花种野草”。另外一种做法，就是卖出套牢的股票，死抱上涨的股票。这也高明不到儿哪去，因为这两种做法只是把股票当前的价格变化，看成是

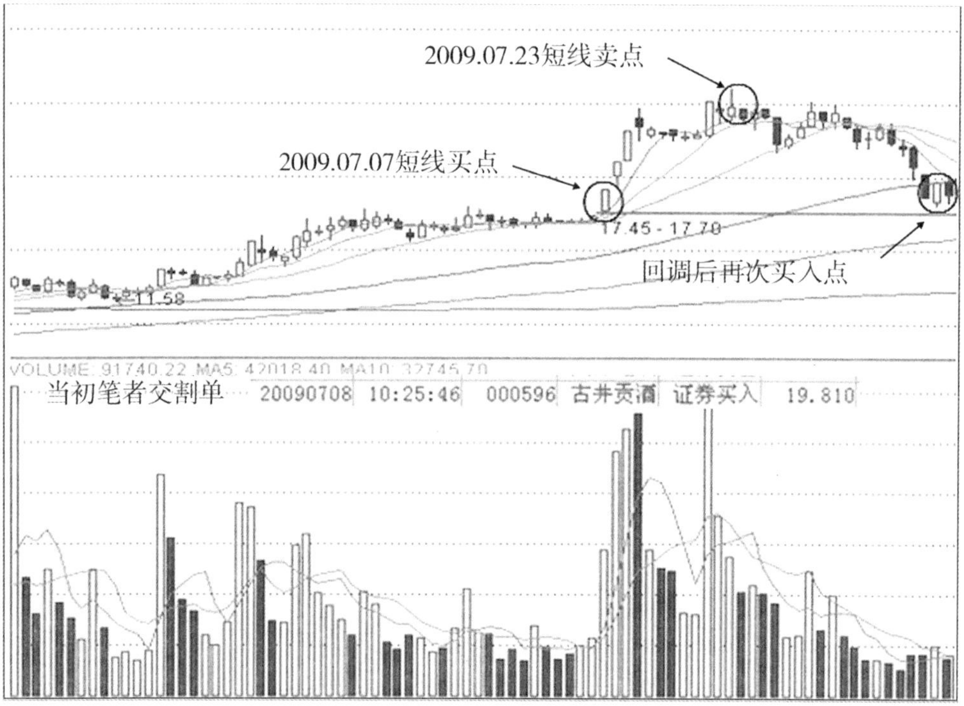

图 3-53　古井贡酒（000596）　日线图

公司基本价值的变化。正如笔者2009年7月8日以每股17.8元买入古井贡酒（000596）时一样，图中的交割单为笔者的成交单。2009年7月23日在短期内出现了技术上卖点，卖完之后股价也回调了，几个交易日内获利40%多，见图3-53。如果回调后没有及时买回之前所抛出去的筹码，就失去了后面2年内股价上涨5倍所带来的巨额回报，见图3-54。这里价格的变化根本没有告诉我们这家公司的基本面有任何变化，从技术角度上来看可以做个高抛，最好的办法是卖了后，回调到位再次买回，因为公司基本面没有发生根本性变化。

图3-54 古井贡酒（000596） 周线图

因此，笔者的价值趋势投资理念止损止盈方法，是投机止损+投资止损相结合。如果我持有的股票只上涨了30%，但股价已脱离其内在价值被市场高估我会坚决卖出。或者该公司核心高管出现了违法事件被调查，公司产品出现了重大质量问题等事先无法估算的事情，我也会坚决卖出手中的股票。如果我持有一只持续增长型股票，就算是股价已上涨了一倍，只要这家公司的经营发展持续扩张，收益继续增长，公司的内在价值不断增长，还可以给投资者带来更大的惊喜，我还会坚决持有。直到公司发展到一定的瓶颈，或者说股价已高估，我才会卖出股票。比如持仓过的酒鬼酒，在没有披露“塑化剂”风波之前手中筹码早已卖出，那是因为股价已虚高。关于上市公司产品质量问题，对于普通投资者来说比较难于签定，但判断股价是否被高估就容易多了。

如果公司基本面好，因整体市场下跌带动股价下跌并不是什么坏事，除非你在下跌后低价卖了股票。如果是大资金中长线投资者，股价下跌正是追加买入廉价筹码的好机会。无论是利用哪一种止损方法，都要与自己当初买入时的操盘计划配套使用，笔者在实际操盘中止损和止盈的方法，是根据前面章节里讲的价值趋势估值法和量价时空逃顶抄底跟庄交易法结合起来用。

（四）如何应对股灾

造成股灾的主要原因有系统风险和非系统性风险，系统性风险一般是指因宏观层面因素而引起，无法通过分散化投资来降低的风险。比如政治、法律、宏观经济调控、交易规则的改变，以及不可抗力因素。主要表现特征：由一个因素导致大部分股票价格变动方向相同。比如 2015 年月 6 月末至 7 月中 A 股市场发生的股灾，原因是场外资金杠杆外加股指期货做空所酝酿，这种系统性风险一般会发生在牛市末期，在初期和中期由于市场投资热情会掩盖这一风险。因此，笔者所创的两套逃顶法，完全可以规避由此带来的风险，除此之外可以运用一些金融衍生对冲工具，比如股指期货套期保值功能。如果是政策调控造成的“踩踏”事件，止损放在第一位，后续跟进政策的变化即可。非系统性风险是指因少数或个别股票本身因素所导致资产价格的变化，是可以通过分散化投资来回避的风险，又称特定风险、个体风险。所以股灾并不可怕，可怕的是不懂去分析发生股灾的根源，以及应对灾难的措施。

十三、新股的炒作秘诀

通过价值趋势投资理念同样可以衡量一只新股的质地，炒作新股的难度在于供投资者参考的信息不多，K 线图形又是一片空白。投资者在对基本面不了解的情况下盲目跟风买入，也吃了不少哑巴亏，前面列举的中国石油（601857），又如 2010 年上市的大多数被高估的创业板股票，怎样的新股才适合介入呢？下面笔者给大家讲述几个要点，仅供大家参考。

（一）适合炒作新股的市场环境

第一，指数所处的位置是关键。当指数行情处于底部，股价多会平开高走；当指数处于上升阶段，一般会高开高走；当指数处于行情顶部区域，一般会高开低走。根据这一理论，最安全的操作时机是指数处于底部阶段时，只要新股本身上市价格没有被严重高估，此时介入一般不会失误。

这里还是拿中国石油（601857）来举例，2007 年 11 月 05 日上市当天，见下图 3–55。大图为上证指数 K 线图，图中小图部分为中国石油上市两个多月后交的 K 线走势图。P 点就是 2007 年 11 月 05 日中国石油上市当天上证指数所处位置。从图中可以看出，此时正是一波上涨行情的顶部区域，并且明显处在下降趋势。该股上市后下跌，除了本身价格被高估之外，也与当时所

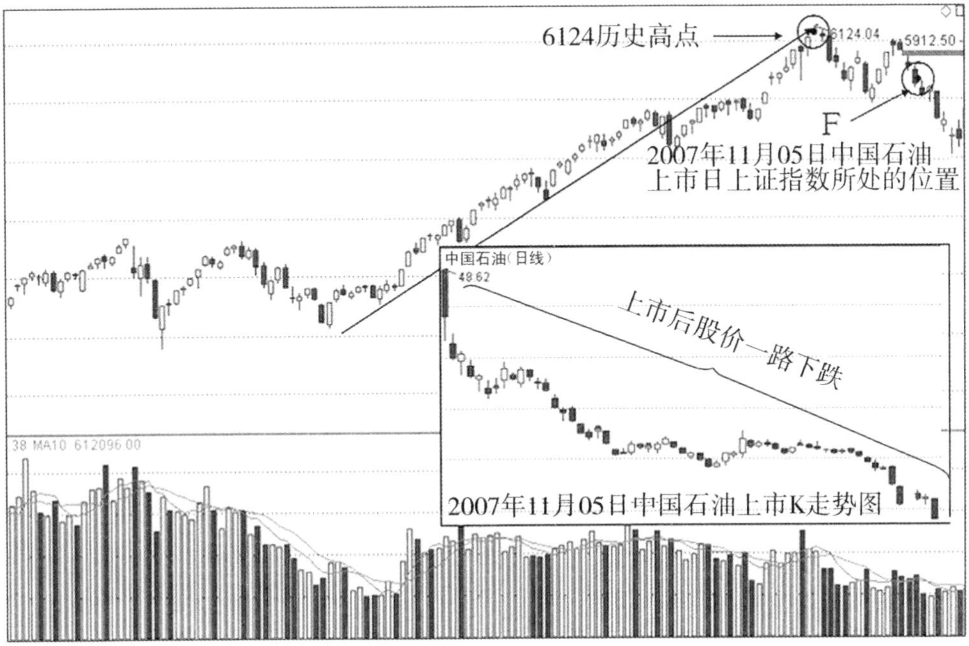

图 3-55 中国石油（601857）上市后的行情走势对比图

处市场环境有关，上市后买入的投资者损失惨重也就顺理成章的事情了。

2014 年一月份发行的新股，其中主板上市的股票就符合指数处于底部阶段这一特点，因为此时上证指数正处于阶段性底部，见图 3–56，炒作新股的风险也相对降低。但是，此时创业板指数则处于一波上涨行情高位，因此新上市股票中属于创业板的新股，如果自身股价高估的话，就会有上市后股价走低的风险，价值优势股还是值得关注。

第二，新股上市期间和市场炒新热情也有关，市场炒的主要是人气。新股上市初期换手率较高，需要大量资金参与。如果投资者炒新热情不高，就难以承接高换手所需要的资金。2014 年 1 月份发行新股上市前，IPO 已停发近两年，加上市场没有新题材来炒作，因此本次新股上市是投资者盼望已久

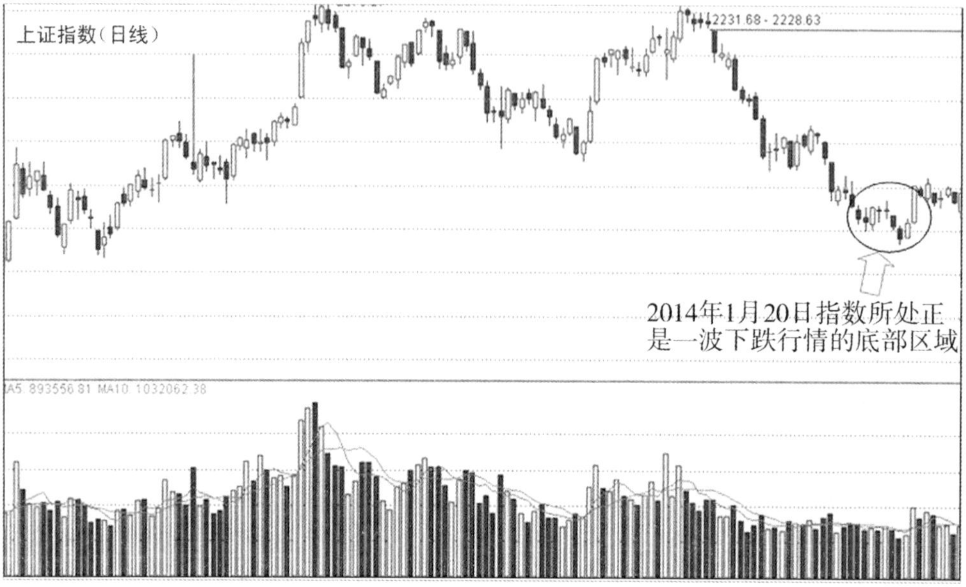

图 3-56　2014 年 1 月份新股发行上证指数

的事情，这对新股上市后进一步走高有利。

第三，新股自身是否具有可炒作价值。新股所处的行业是否政策导向、行业龙头、业绩增长情况、业务是否有创新、稀有、新股所属地域差别等，都会影响上市之后的股价走势。因此，参与炒新股一定要对基本面多加研究。

第四，和新股发行制度有关。具有中国特色的资本市场，政策在不断地完善中，难免有制度上的改变，就拿本次（2014 年 1 月份）来说，管理层在人为地压低市盈率发行的情况下，上市后股价遭市场爆炒的局面在所难免。

（二）新股看盘技术

新股的看盘技术，和前面盘口语言章节里讲的分时走势图盘口类似，但必须要执行严格的止损和止盈纪律，这里就不再重复。

（三）新股走牛的经典案例

2014 年 1 月份发行新股，符合笔者价值趋势投资理念的个股，行情走势最为经典的有金轮股份（002722）、光环新网（300383）这两支股票，见图 3-57、3-58。

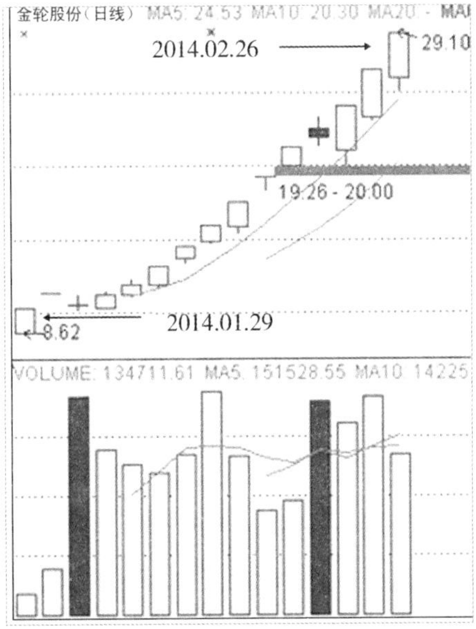

图 3-57 金轮股份（002722）

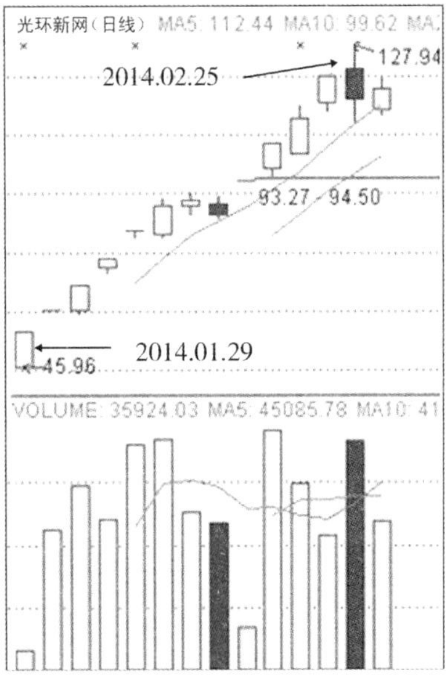

图 3-58 光环新网（300383）

本轮新股上市当天都出现了“秒停”的现象，金轮股份（002722）、光环新网（300383）这两只个股也不例外，但这两只股上市后第三个交易日给了投资者买入机会。从估值方面来看，虽然光环新网（300383）股价略高一些，但相对该股所在的行业估值并不高。从技术形态上来看，完全符合笔者在盘口语言章节里讲的上升趋势持股标准。在 28 个交易日里股价从 45.96 元，上涨到 127.94 元涨幅一倍之多。与此同时，金轮股份（002722）更具有吸引力，不但股价低而且估值也低，该股上市当天价格 8.62 元，截止 2014 年 02 月 26 日涨至 29.1 元，30 个交易日股价涨幅达 3 倍之多。这些案例足以证明价值趋势投资理念无论用在新股，还是上市多年的股票都可作为投资选股的指南针。

CHINESE CHARACTERISTICS INVESTORS WITH

股指期货篇

中国特色投资者

一、股指期货投资实录

（一）股指期货投资市场基本介绍

股指期货：全称为“股票指数期货”，是以股价指数为依据的期货，是买卖双方根据事先的约定，同意在未来某一个特定的时间，按照双方事先约定的价格，进行股票指数交易的一种标准化协议。

目前上市交易的股指期货只有沪深300指数，于2010年4月16日在中国金融期货交易所上市交易，从此，中国期货市场进入股指期货交易时代，目前上市交易的还有上证50和中证500指数期货。股指期货家族的壮大与健全将会对股市、期市产生越来越大的影响。

虽然股指期货从2010年4月16日才开始交易，据中国期货业协会统计，按单边计算，在2010年累计成交量已达4587.33万手，成交金额更是达到了41.07万亿元，占全年期货市场成交总额的26.57%，可谓后来居上；2011年股指期货累计成交量为5041.19万手，同比增长9.89%，成交金额为43.77万亿元，同比增长6.56%，占当年全年期货市场成交总额的31.83%；2012年，股指期货累计成交量为10506.18万手，同比增长108.41%，成交金额为75.84万亿元，同比增长73.29%，占当年全年期货市场成交总额的44.32%；2013年，股指期货累计成交量为 19322.05 万手，同比增长 83.91%，成交金额为 140.7 万亿元，同比增长 85.52%，占全年期货市场成交总额的 52.6%。

以上数据可以看出，股指期货从上市当年的四分天下有其一，到如今支撑期货市场“半边天”，仅以单边计算，中金所成立以来累计成交金额已突破 300 万亿关口。随后几年，成交金额将会快速增长。

自 2010 年 4 月 16 日股指期货上市至今，运行超三年半时间，成交量与成交额呈几何倍数增长，成交量已在全球股指期货市场排名第五位。

（二）沪深 300 指数期货交易制度

沪深 300 指数的形成是由沪深 A 股中规模大、流动性好、最具代表性的 300 只股票组成，于 2005 年 4 月 8 日正式发布，综合反映沪深 A 股市场整体表现。沪深 300 指数是内地首只股指期货标的指数，被境内外多家机构开发为指数基金和 ETF 产品，跟踪资产在 A 股股票指数中高居首位。

股指期货本质是期货，所以它具备股票和期货的双重特性，交易也必须遵守期货的基本交易规则，现有的交易制度和股票交易制度对比如下：

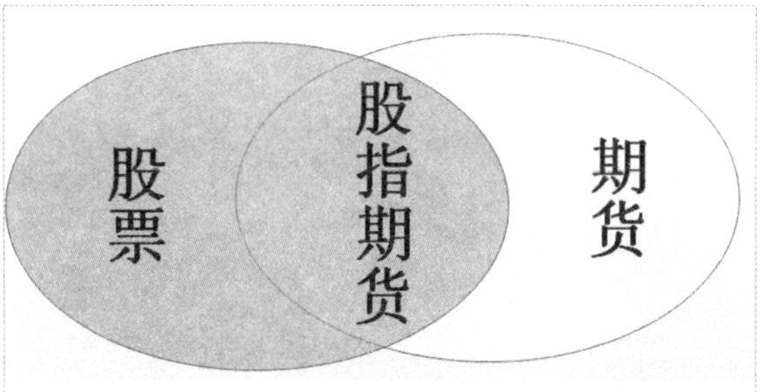

（1）保证金交易（杠杆交易），一般需要 10% 以上保证金；（目前 A 股股票交易是 100% 保证金，无杠杆）；

（2）双向交易：既可以做多盈利，也可以做空盈利；目前 A 股只许做多上涨盈利。

（3）T+0 制度：当天可以开平仓；多次交易，目前 A 股执行 T+1 制度。

（4）期交割：交易的是合约，具有时效性，到期交割；A 股交易的是上市公司股票，只要不退市，便可以持仓。

以上就是沪深 300 指数期货的基本交易规则，交易所会根据市场的需要随时调整，要进一步详细了解可到交易所或者正规期货公司。

下面对沪深 300 指数期货合约以及盈利机制做简单介绍。

沪深300指数期货合约表	
合约标的	沪深300指数
合约乘数	每点300元
报价单位	指数点
最小变动价位	0.2点
合约月份	当月、下月及随后两个季月
交易时间	上午：9:15-11:30，下午：13:00-15:15
最后交易日交易时间	上午：9:15-11:30，下午：13:00-15:00
每日价格最大波动限制	上一个交易日结算价的±10%
最低交易保证金	合约价值的12%
最后交易日	合约到期月份的第三个周五，遇国家法定假日顺延
交割日期	同最后交易日
交割方式	现金交割
交易代码	IF
上市交易所	中国金融期货交易所

沪深 300 指数期货合约表：

（三）股指期货交易实盘案例

我们以当下主力合约 IF1406 为例，列举交易和盈利情况：

（1）图 3-1, 是 2014 年 5 月 12 日早盘 3 分钟走势图。

早盘随着政策利好，指数向上跳空昨日收盘价高开，随后回落，当回抽到昨日盘整箱顶位 2131.2 点得到了支撑。假设我们在 2131.2 点位开仓多单 1 手，在 2173.8 点位卖出平仓，则盈利 2173.8−2131.2 = 42.6 个点，根据合约表，指数每波动一个点价格为 300 元，这笔交易盈利 42.6 × 300 = 12780 元。投资者需要支出的保证金为 2132.2 × 300 × 15%=95949 元，则回报率为 13.31%

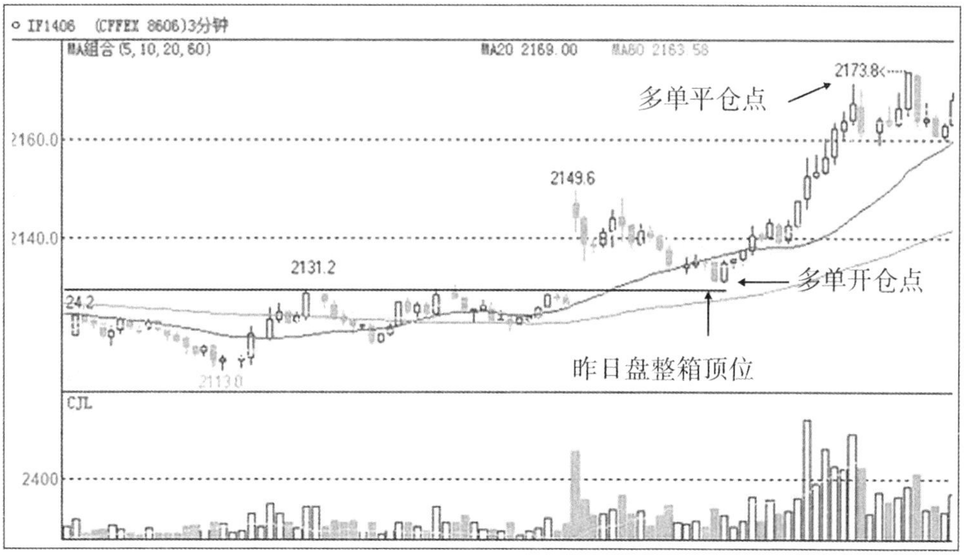

图 4-1　IF1406

（12780 ÷ 95949），时间需要两小时左右。在日内股指期货交易中，行情波动在 50 个点左右非常普遍，同样的本金有时比在股市上的收益要高出很多。

上述仅仅是日内交易为例，如果有足够的保证金，隔夜持仓做中长线也是不错的交易模式，那样盈利非常可观，同时风险也非常大，必须在趋势判断准确的基础上进行，否则亏损严重。

（2）另外再举一空单例子：IF1406 合约 2014 年 05 月 19 日，早盘指数向下跳空昨日支撑平台低开，随后一直跌至 2095.2。假若前一日收盘前在 2140 处估空，建空单一手，那么本次空单所赚点差 45 个左右，获利所得 13200 元。同期对比，A 股市场上的个股是下跌状态，如果此时操作股指期货就能盈利，下跌行情股票是亏损的，下图 4–2 为 3 分钟 K 线图。

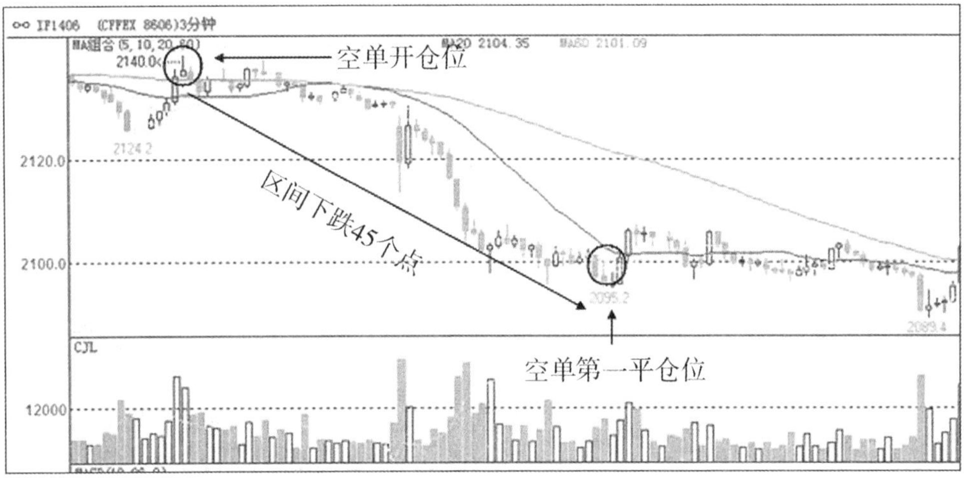

图 4–2 IF1400

（3）再举一个持仓过夜，双向交易机会的例子。

还是 IF1406 交易合约，2014 年 05 月 21 日，股指早盘也是低开，但下行到 2082.4 点得到了支撑，随后强硬反弹，至第二天早盘最高点 2154.6 点位，期间上涨了 72.2 点，在此点位出现了做空信号，多单止盈反手做空，空方行情直到 2113.2 点位才得到支撑，期间点差为 41.4 个点。

本次行情进场点和离场点信号很明确，很容易把握，多空行情共有 113.6 个点获利空间，就算没有拿到全程利润，100 个点还是有可能做到，如果全程只下单一手，投资不到 8 万元，两天内可获净利润 3 万元（100×300），利润率为 37.5% 左右，详见下图 4-3 为 5 分钟 K 线图。

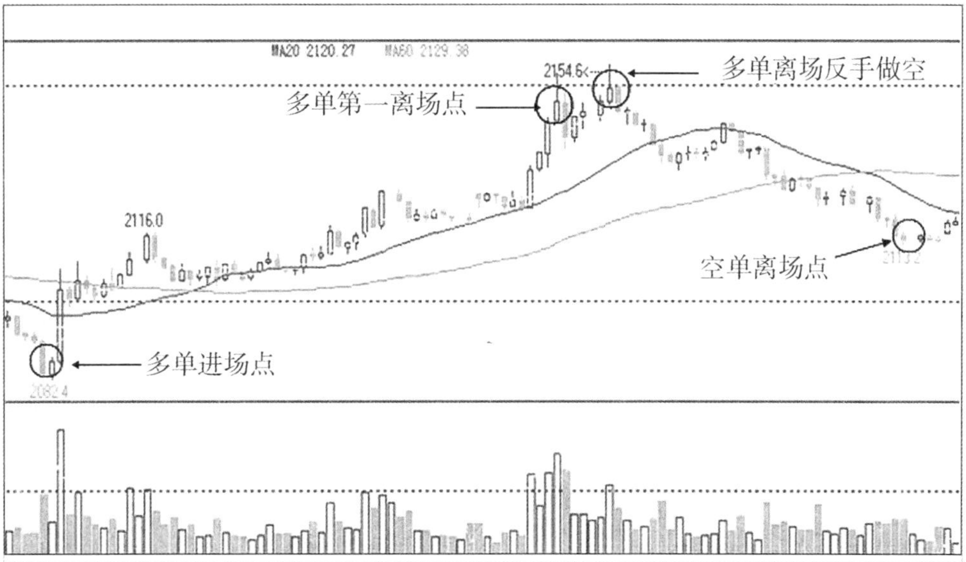

图 4-3　IF1400

以上 3 个案例均为投机型交易，需要盯盘交易，有股票看盘技术的操盘手都可以做到。股指期货交易并不像大家说得那么难，只要方法正确赚钱效应比股市要快。

（四）股指期货对股市的影响

自从2010年4月16日，股指期货上市以来沪深指数一路下滑，上市当天上证指数最高价为3159.67点，截止至当年7月02日指数跌到最低为2319.74，期间52个交易日下跌782.02点见图4-4。

图 4-4　上证指数日线图

根据股指期货交易机制，估空下单也一样盈利，所以对于股指期货投资者来说，这一波下跌行情却是个开门红，在股指上赚得盆满钵满，但对于股票投资者来说，可能就是灾难性行情。随后在煤炭，有色等沪深权重板块强力拉抬下，指数在11月11日又重新回到3186点，期间86个交易日上涨764.84点，虽然股民在本轮上涨行情中能分一杯羹，但所得回报远差于机构在股指上的收益。

从股指期货的开户门槛，和市场参与者来分析，这一投资标的物又是机构玩的游戏，为何截止 2013 年 6 月 28 日指数再也未能回 3000 点附近？因为机构在股指期货上做多做空都盈利，而股票只能上涨才能盈利，在宏观经济本身不景气背景下，机构向下打压 A 股不需要花多大资金，要让股指上涨是需要大量资金来推动，前面的章节里讲过，A 股市场的本质是资金推动市，所以会出现上证指数自 2011 年以来单边下跌行情见图 4–5。

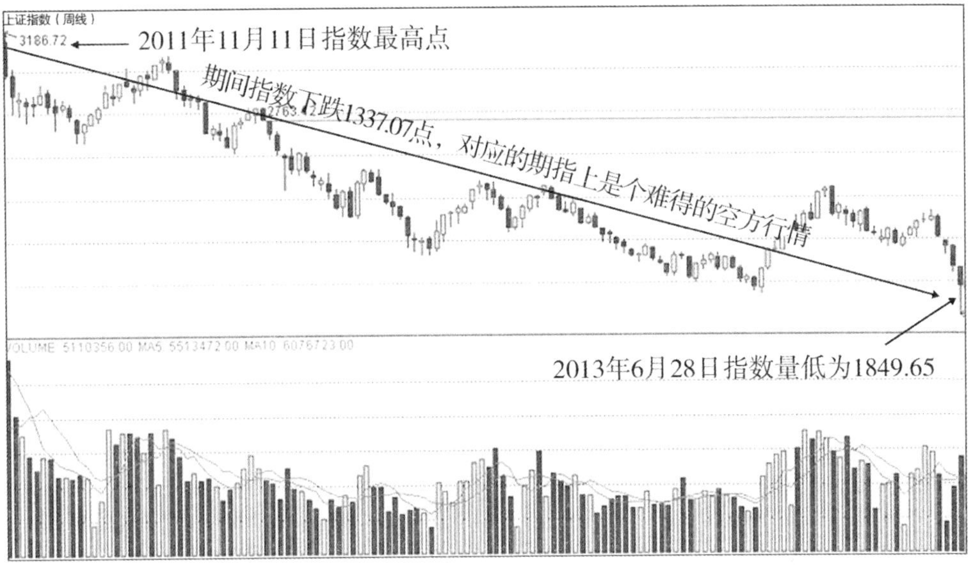

图 4–5　上证指数周线

虽然 2015 年由于配资杠杆的出现，启动了一波行情，但这不是实体经济本身的支撑，机构同样可以下多单比股票投资者赚得多。未来几年，在宏观经济没有得到改善的背景下，指数将震荡整理格局维持不变。

（五）股票与股指期货结合投资法

股指期货是为了规避或对冲股票风险而产生的投资工具，未来发展空间很大，同时其本身的交易机制也可以作为单独的投资对象，但是投资股指期货同样也有很多风险需要控制和规避。

无论是哪方面的投资“顺势而为”都是正确，当指数将转化为下降趋势时，绝大多数个股都面临下跌，此时投资者应果断卖出手中的股票，对于选股经验并不丰富的投资者来说，想要在弱市中搏到强势股有些难度，此时可以抽出大部分资金来估空股指期货，虽然这是一种投机交易，但这可以弥补股市场整体下跌的投资收益，待行情向好时，资金再次回补股市，这也是笔者投资理念中第二大亮点：股票与股指期货结合互补投资法。

下面举一具体例子：2013 年 6 月 25 日，上证指数跌到最低 1849.65 点。随着政策面金融改革利好的刺激，民营银行、互联网金融，电子信息，网络游戏等概念轮番炒作，指数勉强反弹 2013 年 9 月 12 日，最高价为 2270.27 点，随后高位回落，12 月 4 日，再次反弹到最高价为 2260.87 点见图 4-6。

根据前面章节里讲过的逃顶法，这个区域顶部信号很明确，12 月 4 日

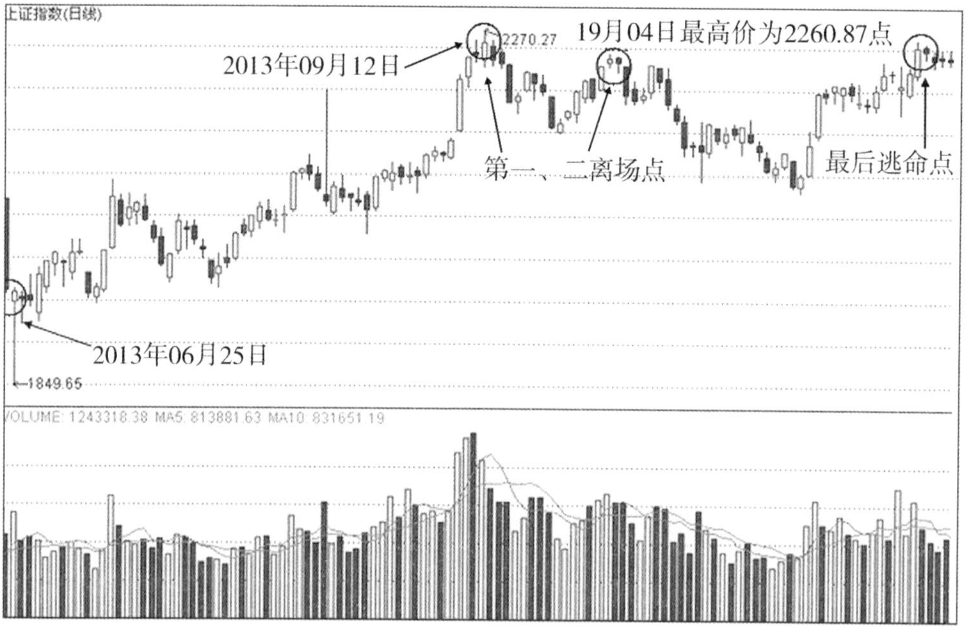

图 4-6　上证指数 日线图

是个股最后的逃命日子，接下来将会有一轮大跌行情，此时应果断卖出手中的股票，准备在股指股期货上做空单，接下来截至2014年3月20日，3个多月时间股指出现了460点空方行情。图4-7为在此期间对应的股指期货IF（CFFEX8600）加权日线图，当然在此期间有反弹，但空方行情大趋势不变，逢高做空就对了。

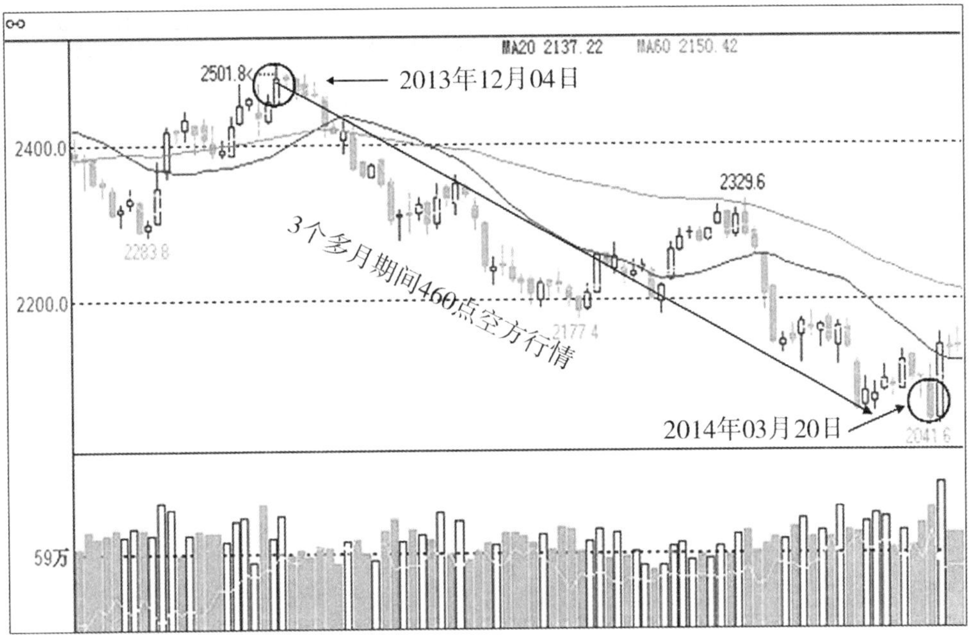

图4-7 IF（CFFEX8600）加权日线图

虽然在此期间也有上涨的个股，但只是个概率，对于普通股民来说买到并不容易，投资需要做大概率事件，小概率行情，不一定都要去搏，总有一次会失误，这又是笔者投资理念的另一亮点，股票加股指期货结合投资法，顺应趋势才赚钱！

除了上述在股指期货市场投机交易获利外（即看涨时做多、看跌时做空），股指期货还可以作如下操作：

（1）套期保值，是指通过在股指期货市场上买卖与现货（股票）价值相等但交易方向相反的期货合约，来规避现货价格波动风险。由于交易所制度限制，普通投资者目前是无法做套期保值交易。

（2）套利，是指利用"股指期货市场和股票现货市场（期现套利）、不同的股指期货市场（跨市套利）、不同股指期货合约（跨商品套利）或者同种商品不同交割月份（跨期套利）"之间出现的价格不合理关系，通过同时买进卖出以赚取价差收益。

（六）股指期货操盘应遵守的纪律

股指期货投资方式众多，选择一种适合自己的方式，这是成功的开始。无论是哪一种方式，都必须要遵守操盘纪律，笔者总结以下几点仅供参考。

1. 学会止损：必须要严格止损。股指期货不像股票，一旦出现单边走势，因为杠杆效应，亏损速度快、幅度大。所以，一定要制定严格的止损位。如果一旦做错方向，要毫不犹豫地平仓，千万不能存有侥幸心理，要有壁虎断尾、壮士断臂的勇气，止损方法可借鉴笔者前面盘口语言章节里讲过的K线止损法，同时也要求在分时图上选择更精准的进场点。

2. 选择精确进场点：符合操作原则的信号出现是下单的基础，进场前一定要清楚自己为什么要买，为什么选择这个点。坚决不能逆势操作，当大盘连续上涨一段时间后下跌概率加大，但不能断然认为100%下跌，因为市场有可能出现惯性行情，如果一旦出现小概率的持续上升，后果不堪设想。

3. 关注持仓量：时刻关注持仓量，期货炒的是预期，而其最大功能就是价格发现，上文已讲过，股指期货的走势可能对股票市场有指导意义。中金所每日会发布当天的持仓量以及变化情况，以及单边持仓达到1万手以上（含）和当月合约前20名结算会员的成交量、持仓量。每周还会发布本周末持仓量与上周末持仓量之差。比如，相比某一日，发现前期的多头主力持仓量突然大幅减少，相反空方主力持仓量突然大增，那么这就可能是大盘即将变盘的信号。

4. 把握交割日：注意把握到期日效应，到期日效应在国外市场普遍存在。中金所推出的股指期货，交割结算价为最后交易日，标的指数的最后两小时算出平均价。尤其是套利者的平仓交易、套期保值者的移仓交易、投机交易者为了避免亏损而进行操纵结算价格的可能等。这些都将集中在最后结算日的最后两小时内完成，另外股指期货参与者都是市场中机构投资者，产生的影响可想而知。笔者建议投机交易提前一天移至下个合约，目前沪深300指数每月合约交割日为每个月的第三个星期五。

5. 注意极端行情：当市场出现连续大跌大涨时一定要“加倍小心”，随时盯住可能出现反方向运行，及时平仓，一味做多或做空只会加大爆仓概率。

6. 不能捂盘：坚决不能捂盘。这点也是股指期货与股票操作中最大的不同点，股票套住了，可以拿着。但股指期货每日结算的保证金交易制度会出现强行平仓，损失极大。所以，如果不是资金实力特别雄厚，技术不是非常成熟的投资者，最好都不要持单过夜。

7. 控制仓位： 坚决不能满仓操作，更不能用浮盈加仓，将仓位控制在30%左右。因为股指期货是保证金交易，如果是13%保证金杠杆，即13万元就能做100万元的交易，如果满仓操作，一个10%的反方向波动就可能爆仓。

8. 避免中间开仓：日内交易有着时间短见效快特点，建仓点应在快和准为原则上，采取试仓法和一次建仓法。如果错过建仓点，尽量不追，待趋势反转时做反手，中间开仓出现震荡行情容易亏损。

9. 避免操作频繁：再好的止损也不能在短时间内多次使用，否则小亏很快会变成巨亏，因此操盘手必须控制每天可以操作的次数，定好操作计划绝不要轻易改变，成功的操盘手往往会在一个方向下单，盈利后会出场，但个别的时候反方向也会出现一个良好的交易机会。

无知是最大的风险，不懂规则风险无穷大。操盘手只要坚持以上纪律，就可规避股指期货投资风险，这就要求投资者必须深刻理解和掌握，股指期货的交易规则和市场变动规律。选择正规期货公司，规避过程风险。目前金融市场存在很多投资公司，形形色色的金融骗子，投资者须仔细辨别，只有正规期货公司才受国家法律保护。

本篇小结

本章节主要内容。讲述了投资股指期货的基本事项，交易规则，演绎了一些真实的案例，股票和股指期货如何结合起来操作，图片来源于电脑交易软件切屏，因此不太清晰。内容较为简便，主要是股指期货相比股票风险较大，千万不能把做股票的思维，用在做股指期货上。特别是在市场并不成熟的情况下，交易规则不断地变化，投资者须牢记，控制投资额度才是控制风险的首要任务，本章便于讲述的内容不多，只能说仁者见仁智者见智。

CHINESE CHARACTERISTICS INVESTORS WITH

投资故事篇

中国特色投资者

一、投资者最常见的几种错误观念

（一）用股价短期的涨跌来衡量选股的对与错

正如笔者在前面章节所讲 2009 年 7 月 8 日以每股 17.8 元买入古井贡酒（000596）一样，笔者交单：

20090708	10:25:46	000596	古井贡酒	证券买入	19.810

买入后几个交易日就获利 40% 多，以 7 月 23 日卖出之后股价大幅回调，像这样买了就涨卖了就跌，从短期来看选股当然是对的。如果是买在 7 月 23 日以后股价回调的某一个交易日，也许买进去就亏损，详见第 178 页的图 3-53。如果你认为选股错了就此放弃的话，那就会失去接下来两年期间股价上涨 5 倍巨额利润详见第 179 页的图 3-54。所以笔者认为股价短期的涨与跌只是市场波动所至，与股票质地没有关系。特别是一只持续增长型公司的股票，介入之后短期内的下跌并不代表选股错了，只是短期时机不对，如果没有明白这个问题，就容易错过一只大牛股赚钱的机会。

再给大家举一个例子：笔者在 2011 年 7 月 22 日买入中船股份（600072），持股 4 个交易日获利 30%，见图 5-1。短期获利非常丰厚，操作非常成功，从前段历史 K 线形态分析，像是买在一波行情的启动点，大家都会认为找到

图 5-1　中船股份（600072）　日线图

了一只大牛股。

但当笔者卖出后，接下来的两年期间，也就是直到 2013 年 7 月，股价下跌至最低价 8.4 元，见图 4-2。当初的操作短期看是对了，长期来看，那是一次危险的选择。如果当初没有果断的获利了结，就会遭受接下来两年期间股价大幅下跌的命运。如果当初稍稍有一点贪念，想多赚一点的话，不但之前的利润会回吐，还有可能深套在其中。幸好本人有一套可靠的逃顶方法，才会那么理智地在 7 月 28 日将手中股票卖出，换为其他投资者那就不一定了。总结此次操作，我认为是一次风险极高的操作，此次股价上涨是主力拉高出货所至，后面的行情走势验证了这一观点。

假如你给朋友说一只股票第二天马上涨停，对方一定会认为你是个高手，如果接下来几个交易日股价跌了，一定会说你没水平了。对于选股正确与否的衡量标准当然是看股价长期的走势。但是这个问题关键是相对某一时间周期而言。如果在未来几星期，或者几个月后股价一直处于下降趋势，相对这一时间周期无疑是错的；如果选择的股票涨不了几个交易日股价就回调了，

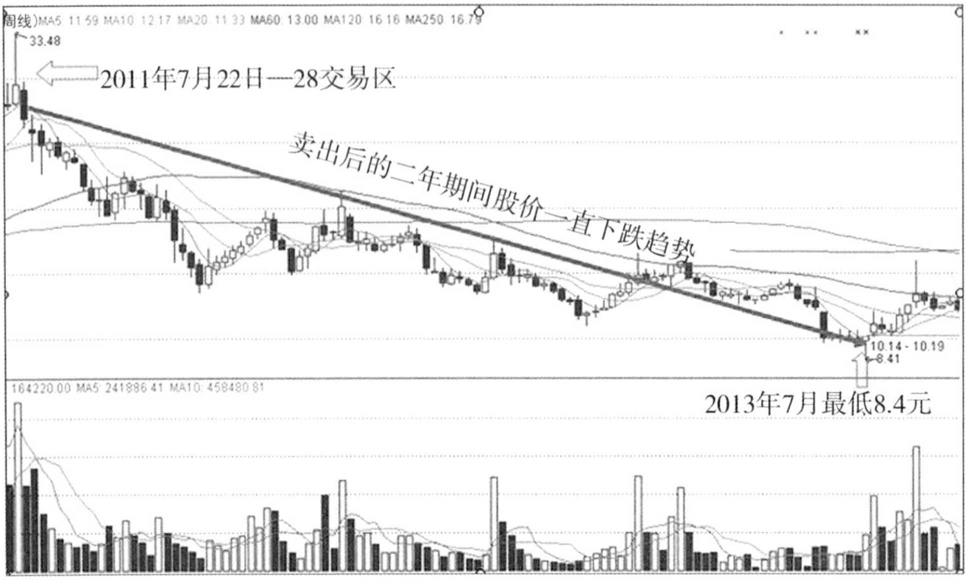

图 5-2　中船股份（600072）　周线图

这样也不能获利。所以股价短期的涨跌是市场的波动所致，并不能说明选股的对与错。只是买入的时机正确与否，只有选择的股票在未来一段时间里能持续上涨与否，才是衡量选股对与错的标准。

股价永远是涨跌互现的运行，就算是上涨趋势行情已启动，在上涨过程中也会有回调。如果是一只中长线大牛股，买在上涨阶段的末端，遇到接下来几个交易日股价回调，这也并不能说明选股错了，只能说介入时机不对。

（二）把买股票看成买彩票

很多投资者买了股票，寝食不安，兴奋与恐惧的心理使得昼夜难眠。其实这是一种博彩的心态，根本不是以投资为出发点，把买股票看成买彩票。

股票本质上是股份公司在筹集资本时，向出资人发行以证明出资人股本身份，并享有权益和承担义务的凭证。代表的是对应公司所有权，股票的价值来源于其背后所代表的公司价值，这和彩票有本质区别。

彩票是一次性以抽签给奖方式进行筹款所发行的凭证，每次中奖与否取决于随机性或运气，人数越多奖金池越大概率越小。完全是一种投机性，目的在于吸引更多博运气者，每一次中奖号码理论上无任何相关性。而股票价格K线走势图，在时间和空间上具有连续性，无论技术上还是基本面上，股票具有真实的市场参考意义，但对于投机者来说，把股票和彩票都看成了“赌博”行为，这并不是股票的本质。股票对应的是股份公司，“股神”巴菲特说股票短期是“投票器”，长期是“称重机”，这就是指股票背后所代表的公司价值。

如果某人说股票就是赌博，可以说这个人对股票只是片面性理解。投资是有风险，但无知的乱投资才是最大的风险，投资和赌博的本质区别在于是否预知结果。如果投资者深入地研究过股票的基本面，对市场价格做过充分的预测，能估算出持有股票未来高点和低点的价格区域，有依有据的买卖就不是赌博，如果不能做到这点，说是赌博也不为过。在没有任何投资知识的情况下去买股票，可以说是一种投机行为，但也不同等于买彩票。

（三）用股价的高低来作选股的标准

很多股民喜欢买低价股，原因有两个：其一，贪便宜心理，认为捡到了便宜货还能多买一些数量；其二，就是认为股价已经这么低了还能掉到哪里去，其实这两个理由都非常荒谬。

记得是2011年5月份，一位投资者打电话给我要讨论股票方面的问题，对方说了其中的一只股买得数量不多，我也忘了。另外一只股对方神秘兮兮地说："老师还有一只股我买了好多，你千万别告诉其他人"。当时我有些惊讶，对方到底买了多少呀，还怕跟风盘太多，遭主力洗盘不成？对方那头说："我买了……买了 10 万股、过了一会终于报出股票名称（000100　TCL 集团），对方还补充一句，"我是除权后买的，价格才 3 元不到，比我同事买的价格便宜多了，他买的是 6 元。"

这话不是让人笑掉大牙吗？他也没比他同事高明到哪去，除权后虽然价格低了，但其意义和在原来除权前是一样的。特别不明智的就是高位除权后短期内去介入，结果后来该股截至 2012 年 12 月 22 日跌到最低价 1.71 元。如果按 3 元的持仓成本来算，亏损比例高达 43%，虽然该股到 2013 年 5 月份股价又重新回到 3 元成本价位，见图 5-3，但长达两年深套其中，特别是中

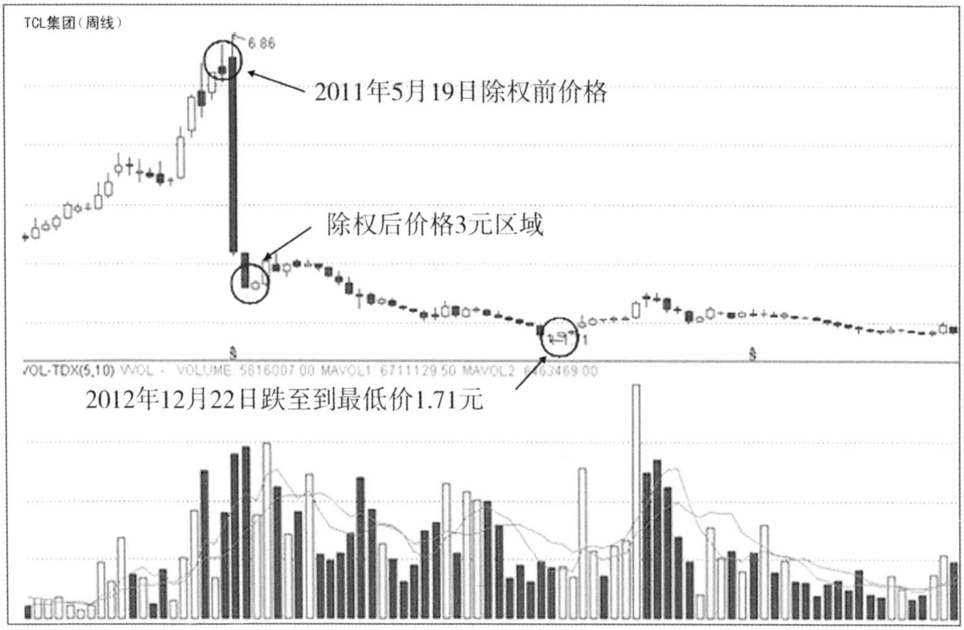

图 5-3　TCL 集团（000100）　周线图

国的投资者，浮躁的心理，哪能拿得住呀，早就在某个时间割肉离场了。再说就算是你一直持有的话，那么两年期间没有一分钱盈利，就是国债收益也有每年 5%的回报呀，这无疑是一次买低价股投资失败的交易。

另外，不敢买高价股的说法，这个股价已经涨这么高了，不可能再涨了吧。2012 年 5 月初，我在某证券公司参加一场投资者交流会。当我在台上给大家分析欧菲光（02456）（见图 5-4）这个股票时，此时股价已涨到 26 元，离最底部价格 13 元涨幅已有了一倍。当我说这个股票还可以继续持有时，台下哗声一片，其中还有几个分析师都在说，你一定是看错了吧，股价已涨一

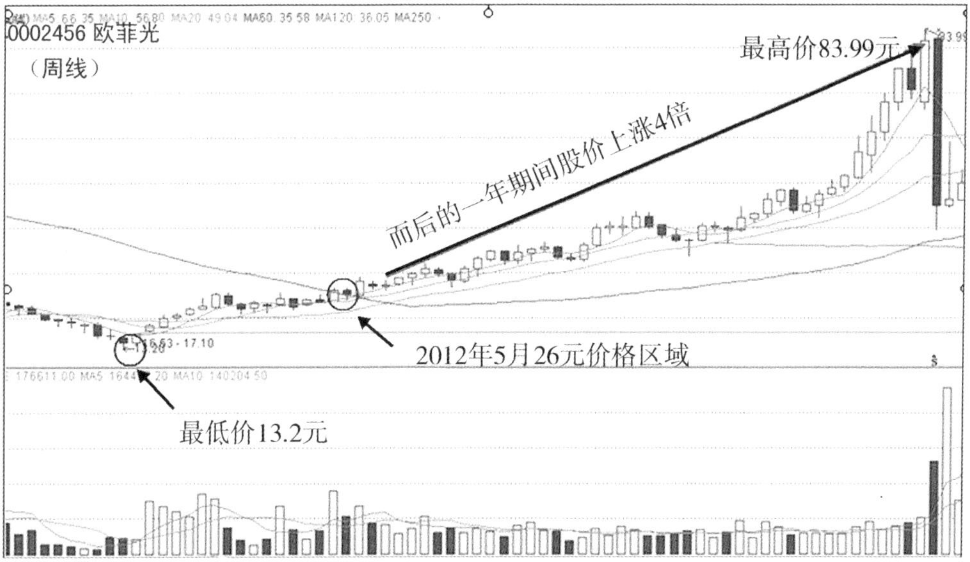

图 5-4　欧菲光（0002456）　周线图

倍了，怎么可能还涨呢！可是接下来的一年期间该股涨到 83.99 元，股价离我当初说的 26 元的区域上涨近 4 倍，这不是偶然的一次碰巧，而是价值趋势投资理念选股所能创造的奇迹，股价不怕高，能涨就行。

股票价格的高低并不能用来作选股的依据，未来的趋势才是选股的标准。无论价格有多高，只要未来趋势还能持续上涨，就可以作买入的理由之一，无论这个股票价格多便宜，只要该股有下跌空间，或者说未来很长一段时间，没有行情出现的可能都不能参与。无论一只股票价格是 3 元还是 30 元。当股价下跌到为零时，对于投资者来说，亏损都是 100%，如果你同样用 10 万元投资本金，选择 3 元的股和选择 30 元的股票，如果这两只股票都同样下跌到为零，你 10 万元本金都亏完了。总之，股票价格的高低不重要，重要的是未来趋势。

（四）股价终究会涨起来的

股价终究会涨起来的，这仅仅是一句自我安慰的话，很多股票下跌几年了，都没涨起来，中国自 1990 年有证券市场以来，就有不少股票跌到最后不但没涨起来而且还退市了，老股民最清楚的了，还有一些没退市的要么就打入ＳＴ，要么就被其他公司收购，举个例子：

*ST 中华 A（000017），最开始叫深中华 A，该股 1992 年 3 月 31 日上市当天价格为 12.9 元，而后在短短的一个月里走出最高价 27.2 元翻倍行情。接下来该股高位盘整一年后除权，除权后走出了个最高价为 15.9 元，在后面的 20 年期间到现在（2012 年）从来没高过这个价格，这就意味着套在 15.9 元以上买入的投资者，如果怀着股价终就会涨起来的这种心理一直持有股票，也许到今天都没有解套。如果当初投入 20 万元本金 15 元的平均成本买入的话，结算到今天（按 2012 年底部 3 元的区域来算）亏损比例高达 80%，见图 5 — 5，账上还剩余 3 万元（为举例粗略估算，不含股息等）。

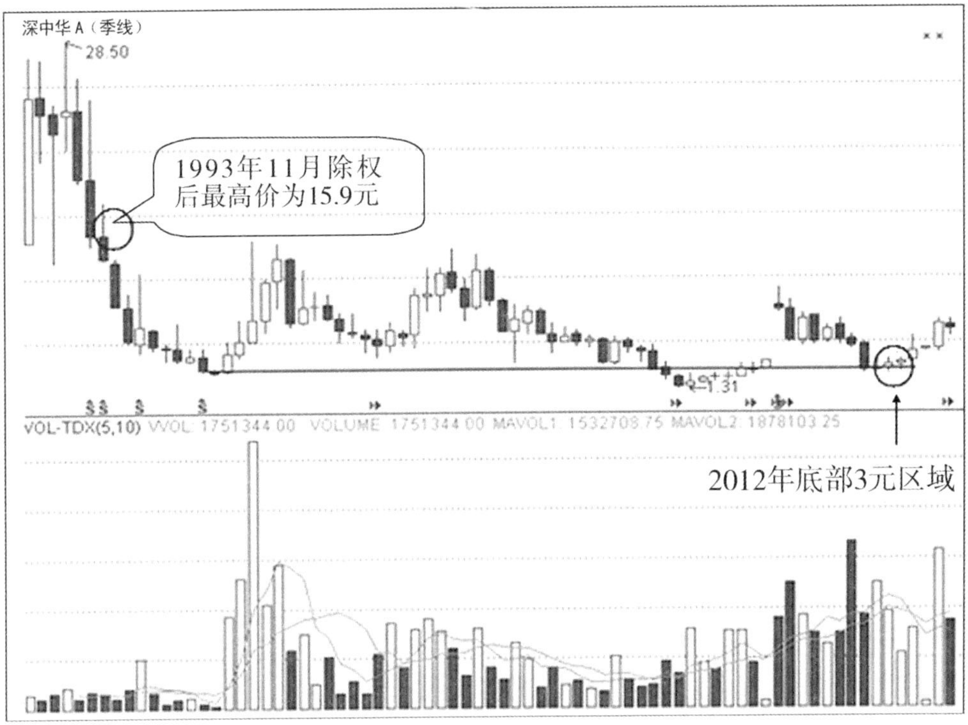

图 5-5　*ST 中华 A（000017） 季线图

如果选对一只股以每年 30%增长的成长股，同样还是那 20 万元本金，复利到今天的投资回报则是 2923.94 万元。A 股市场上有没有能这样上涨的股票？当然有，贵州茅台（600519）就是大家熟知的例子，不仅只有这只股，这里只举一个大家最熟悉的例子。

我们分析下 *ST 中华 A（000017），这家公司的主营业务：自行车及零配件的生产和销售，自行车作为人类出行的交通工具已经成为历史，从 20 世纪 90 年代后不断代替该产品的有摩托车、电动车等，现在普及了家用小轿车，虽然现在有新型健身自行车，但大多数是国外进口产品占据了市场。如果一家公司主营产品不断被其他产品所取代，这家公司的发展还能持续吗？不但不具备现有价值，也不会有未来价值。这样的公司有哪个机构投资者能看得上？除非该公司以后又注入新的题材或重组，公司找到了新的盈利增长点，不然要想有起伏的行情是不太可能。而贵州茅台生产的茅台酒，是独一无二，无可替代品，股价当然能持续上涨了。

股价终究会涨起来的要看什么股，如果你在价值趋势投资理念前提下，买入的股票短期被套，当然没问题股价终究会涨起来的。但是如果该股不具备有任何未来价值，股价始终就难涨起来了。另外，那些上市就严重高估的股票，比如中国石油股价想要再次回到上市初的 40 多元，估计我们这辈子是看不到了，持有这种心态的投资者非常危险，在股市里还有多少人怀着这种心态亏得苦不堪言。

（五）误认为买银行股，同等于存款

相当一部分投资者以为买银行股就能稳定盈利，理由是历史以来还是银行业最为稳定、风险最低，利润最好，单从业绩这方面来说不可否认。但二级市场的股价往往与公司的业绩增长背道而驰，股价的涨跌还是要看投资者对预期是否看好，股价是否高估。我们回顾一下 2008 年银行股行情，在整个大熊市中，银行股不但没有因为优秀的业绩而成为 A 股市场下跌的中流砥柱，相反，呈现出来的却是银行股带动其他板块造成指数大跌，最后银行股止跌，上证指数才企稳。可是 2008 年以来银行业的经营并没有出现什么问题，反而利润不断地增长。

另据媒体报道，2012 年的半年报显示，16 家 A 股上市银行共实现净利润 5452.29 亿元，同比增长 18%，其中工行净利润 1232.41 亿元，继续蝉联全

球最赚钱银行。财富中文网 2012 年 7 月全球发布 2012 年财富世界 500 强排行榜。结果显示，中资银行排位大幅上升，中国工商银行从去年的第 77 位上升至第 54 位，建行从第 108 位上升至第 77 位，农行从第 127 位升至第 84 位，中国银行从第 132 位上升到第 93 位，交通银行从第 398 位上升至第 326 位，招商银行也首次进榜，排名第 498 位。

事实证明了银行股在当时股价被高估了，如果在 2008 年买银行股的投资者才几乎血本无归。在前面谈市盈率的章节有分析过这个问题，这里就不再重复。

接理来说，2010 年以后银行股市盈率才个位数，应没有泡沫了吧。买银行股应能赚钱了吧，那也未必，这几年来传统各大银行二级市场的股价并没有多大起色，而在 2012 年年底到 2013 年有部分商业银行受金融改革利好的刺激才有些涨幅，比如说 2013 年受上海自贸区影响的上海浦发银行。2012 年年底民生银行和平安银行，反而传统商业百货公司转型做银行业务股价到是短期内翻翻，比如苏宁云商（002024），友阿股份（002277）等。

为何传统银行股不涨呢？其原因：因为过去银行业的收入增长主要是来自房贷，投资者预期中国楼市去泡沫化的过程会给银行业带来巨大风险。对未来这项收入并不看好，现有业绩代表过去和现在，都是过去式，不代表未来，一旦受楼市泡沫破裂的影响，未来的业绩数据或许会非常糟糕。

另外，长期依靠利差收入是中国银行业的另外一个重要利润来源，利差收入占到银行业利润份额较大，银行业创新不足，新业务支持的成长性不高，所以市场不看好银行股的未来。

具有业务转型或业务创新的行业，往往受到投资者的青睐。如果某个行业或某个企业具有高成长性，具有高盈利模式，则这类行业或这家公司的股票会持续上涨。而且随着利率市场化的改革以及银行业竞争的加剧，特别是受当下互联网金融的冲击，传统银行业未来的发展并不会被市场资金看好，自然股价就不一定涨了。如果未来银行业有实质性的改革，股价才会迎来新投资机会。

（六）买入股票后，三天不涨就卖出

无论是牛市还是熊市，追涨杀跌、频繁换股都是投资者亏损最大的原因。这只是博取价格变化的一种投机行为，这种操作手法完全是把自己主观意识强加给市场。前面我们讲过，短期趋势会受市场各种利好利空的影响造成波动，买入后出现股价往相反的方向运行都有可能。面对这种问题，首先我们在买入之前就必须看好主要趋势，只要主要趋势没有改变，就算是买入后股价不涨，也不必在短期内放弃。通常股价在上升趋势运行 6~8 天为一个波段，如果投资者买在波段的末端，就有可能被套，如果持股 3 天不涨就卖出的话，当你卖后就有可能就拉出一根大阳线，这种情形投资者应遇到过很多吧，下面举个例子，见图 5-6。

上图为金城医药（300233）2013 年 8 月 30 日至 2014 年 2 月 25 日行情走势图。如果是买图中的 A、B 两个价格区域，三天不涨就卖出的话，就会错过一只大牛股的机会。其中 A 点处回调三天后股价从 15.54 元一路盘升至 27.13 元。时间只花了两个多月。如是买在 B 点就更让人伤心了，一卖就涨。这里不光是买点不对，更重要的是没有搞清楚主要趋势，没有信心持股。

上升趋势中，上涨的波段要长，回调的波长要短，一般回调波段 4~6 天，

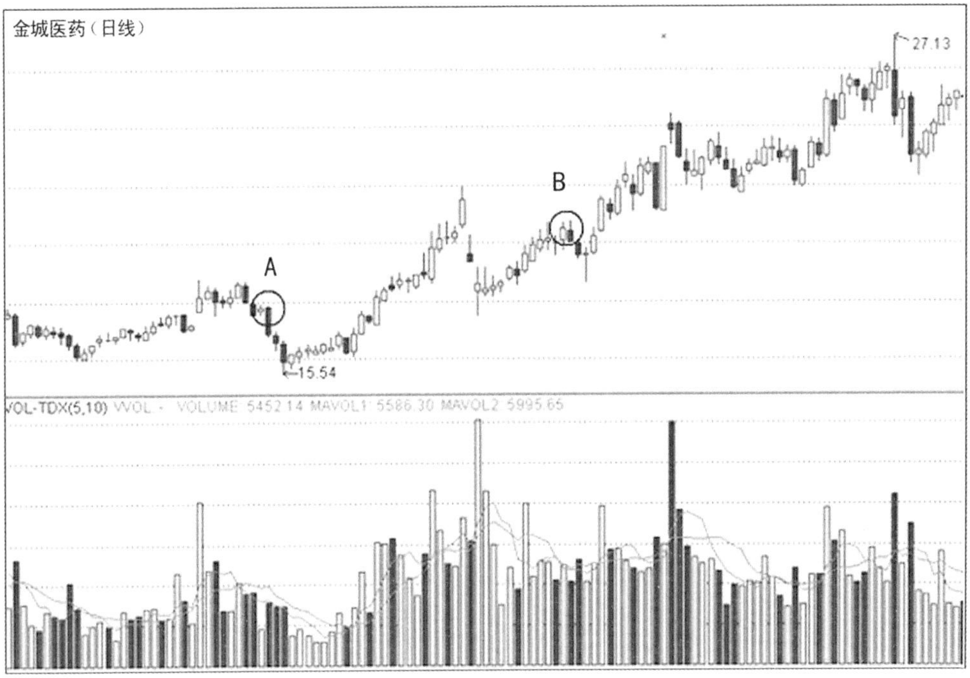

图 5-6　金城医药（300233）　日线图

这也是一种概率，有些热门股可能回调时间就 3 天左右。所以如果持股三天不涨就把股票卖掉，就会有卖了后股价就涨的可能。水越等越不开，股票越急越不涨，这是一个持股心态的问题。持股是否耐心，取决于你对所持股票是否有把握，是否能估算出未来股价的顶部价格，对于短期内的涨跌不用太在意，如果你对买入的股票趋势确定，买在上升通道就算是被套了，那完全不必担心，可以出去打打高尔夫，爬爬山，放松下自己的心情，几天后你再打开电脑一看，说不定还会有意外的惊喜。整天换来换去容易丢了西瓜捡到芝麻，得不偿失。

二、投资者的成功故事

以下是笔者在这些年的投资生涯中，身边部分投资者真实的回忆录，在保护对方隐私的原则上，把他们学习运用了价值趋势投资理念的有趣故事在本书中阐述出来。

（一）一个理念改变了投资者的生活

这是一位来自电子行业的老板，也是笔者之前在经营外贸公司时认识的供货商，这些年来他一直在学习笔者的价值趋势投资理念。有一天收市后，电话响了，下面是笔者与他的对话：

田总：“黄老师吗？您好！我是田（某某）呀，今天有空吗？下班后我和我太太夫妻俩请您去（某某）酒店吃个饭，不知是否方便。”

我当时心想，我与这位田总多年没有电子生意来往了，怎么还盛情邀请我呢？于是我就好奇地问了下。

笔者：“田总呀！无功不受禄呀，不用这么客气，能否告诉我有什么事需要帮忙的吗？”

田总：“几年前你就帮过我了，你还记得我来听过你讲课吗？你的选股方法，你那套投资理念改变了我们夫妻的感情呀，你这功劳可大了，请你出来吃个饭，以表感谢！小意思了。”

当时心里想，我只是把我的投资理念和大家分享罢了。我又不是情感专家，更不是心理医生，何来能耐改善他们夫妻之间的感情呀，于是笔者带着疑问答应了他们的邀请。

在晚宴时，田总把这几年在股市的经历讲了起来，前几年他们夫妻俩因为炒股经常吵架，因为他老婆的职业是会计，分析股票则重于公司基本面上的财务报表，而田总呢，则重于技术分析，没有耐心，有一夜暴富的心态，也许就是大多数男女投资者心态上的区别吧。夫妻俩因选股思路不统一没少吵架，也亏了不少钱，直接影响到他们生意上的运营。贫贱夫妻百事哀呀，甚至闹到离婚的地步。

2010 年笔者在某券商举办的投资论坛上讲价值趋势投资理念时，刚好他们夫妻俩也在现场。笔者的投资理念深深吸引他们，刚好整合了他们夫妻俩各自的观点，活动结束后，他们在我助理那里要了一些关于价值趋势投资理念的资料，从此用心学习起来。

学习一段时间后，选股思路上相互的分歧越来越少，买了股票后再也不用担心会亏损，而且慢慢开始有了盈利，俩人更能安心地做生意。夫妻间也不会因股票亏损而吵架了，如今两人相敬如宾，相互之间的感情又回到恋爱当初的甜蜜。用他的原话来说就是“价值趋势投资理念不但改变了他的投资生活，还挽救了他的家庭婚姻”，原来这就是田总请笔者吃饭的原因。

夫妻之间因为炒股观点不一样，吵架闹矛盾的事经常发生，目的都是为了这个家好，但各自持着不同的观点，其实争论没有意义，重要的是谁的方法能长期稳定盈利，谁的观点能做到轻松投资，快乐生活！

（二）价值趋势让退休的中国大妈安享晚年

这是一位来自某国企退休的大妈，年龄应比笔者的母亲年轻 10 岁左右，所以倍感亲切。同样也是通过一次投资者交流会上认识，当时她向笔者诉道：在原来的单位才退休，闲在家里没事做，手上有些存款想做点生意，但又不知从何入手，买过黄金、做过白银投资都以失败告终。还是认为炒股票稳妥点，但股市上的钱也并不是想象中那么好赚，刚入市就套了，亏损惨重。加上身体不太好，股票涨起来时不知何时卖，紧张得血压都升高，股票一跌，心情也跟着低落，反之血压又升起来了。后来还到处听课，到处找老师学习花了不少学费，但始终未能稳定盈利。

笔者不忍心看到这位阿姨工作了一辈子的存款亏空于股市，同时还承受着疾病的痛苦，就教她如何运用价值趋势投资理念去选股。虚心学习的她，把每次讲的内容都认真记下来，每天盘后做总结，整套学习流程基本做到了笔者在本书中第一篇章所述内容。一段时间后，她终于开始慢慢有了盈利，两年后，做到买了股票后再也不用天天盯盘了，如今的她天天带着孙子去公园玩，空了陪老伴出去旅游，身体也康复了很多。她经常说："这辈子买股票就用黄老师的方法。虽然现在退休了，但可以用钱来帮我赚钱了，是价值趋势投资理念改变了她的退休生活。"

（三）价值趋势成就了操盘手

这是一位来自 80 后的创业男李先生，相信"北、上、广、深"等一线城市都普遍存在。当初认识他时向笔者诉说："黄老师帮我分析下，为什么我这些年买股票，一买就套，一卖就涨；看到涨了我又忍不住追进去，一追又套了，好像行情故意和我作对一样，面对这种局面一筹莫展呀！这些年创业未果投资失利，用句话来形容就是再牛的肖邦，也弹不出我在股市的悲伤。"

经过笔者和他一翻交流后，发现他没有把握好波段节奏，持股心态有问题，更是急功近利，没搞清楚股价未来的主要趋势就下单，也许这就是A股市场散户投资者的通病，都希望用最短的时间赚最多的钱，事情往往会物极必反，不但收不到效果反而更会造成恶性循环。

经过笔者对他一翻剖析后，瞬间茅塞顿开，当即拜笔者为师。经过一段时间的学习价值趋势后，他也做到稳步盈利。三年后的今天，他成为一名有限合伙公司的操盘手。他感言道："认识黄老师是我人生的转折点，价值趋势投资理念让他走上了正确的投资道路。"

（四）价值趋势让白领轻松理财

记得一次在朋友的Party上，笔者认识一位白领女士，听她在一旁和朋友讨论着如何购买基金等各种理财"宝贝"，从中还津津乐道提到买股票的事。我从中插一句话，请问这位美女您目前这种投资模式，一年下来能盈利多少呀？对方答道："因为我们工薪族资金量少，高收益的信托基金产品往往有投资门槛，目前能做到5%~10%的年回报率。"我这一听才知，这不是刚好抵御了通货膨胀吗？比存款收益强了一小点。

由于对方不知我的工作，于是反问道："请问您是做投资的吗？一年下来能盈利多少呢！"我保守点地说了句，这几年来平均年化50%以上不算多。

对方惊叹问道："不会吧，巴菲特才做到30%多的年化，您怎么能做到年化50%呢！请教下您是如何做到的呀"。笔者答："巴菲特运作资金是几百个亿，而我们的投资额才多少呢，几百个亿的资金运作收益率要每增加1%都很难，而小资金要增加10%都容易；另外，巴菲特的投资理念是价值投资，其本质是公司价值的成长带动股价的上涨，要等待公司价值的成长，持股时间会很长；而我的投资理念是价值趋势，是买在股票的起涨点上，表面看来两者之间投资理念相似，但买点不一样，收益率不一样就正常了。"

经过笔者这么一说，对方还是半信半疑，于是问了句，您最近看好哪只股票呀？因为当时笔者持仓长城汽车（601633），也就毫无隐瞒地告诉她了，也许是出于她的好奇心，当时还要了我的联系方式。一段时间后（也就是2012年12月至2013年1月末），在此期间该股涨50%以上，见图5-7。笔者记得那天在交易时间电话突然响了，一看是陌生电话就没有接，后来连续响了几次我就接了，对方很激动的语气说："是黄老师吗？我是两个月前在Party上认识的那位女孩子呀，我这辈子跟定你了，不管别人信不信，反正我信了。"听到电话里那个女人的话我当时心里一愣，心里想，我没有做什么"坏事"呀，怎么这个女人这辈子都跟定我了？后面又说了句，"你怎么不说话呀，我心底服你了，你放心，无论结果如何都不要你负责"。

当我听到这话时更懵了，我反问道，我们只是认识你而已，又没对你做什么"坏事"，当然不用负什么责吧？对方哈哈大笑道："你忘了？两个月前你给我说的股票呀，长城汽车（601633）已涨50%了，我也买了，涨得真快呀，你选的股票这么牛，这辈子炒股就跟定你了，就算是万一亏了也不用你负责。"话说到这里我才明白过来，原来是她已相信了我的选股理念要跟我炒股，亏了赚了也不会怪罪于我。你把话说完整不行吗？好在我心脏在剧

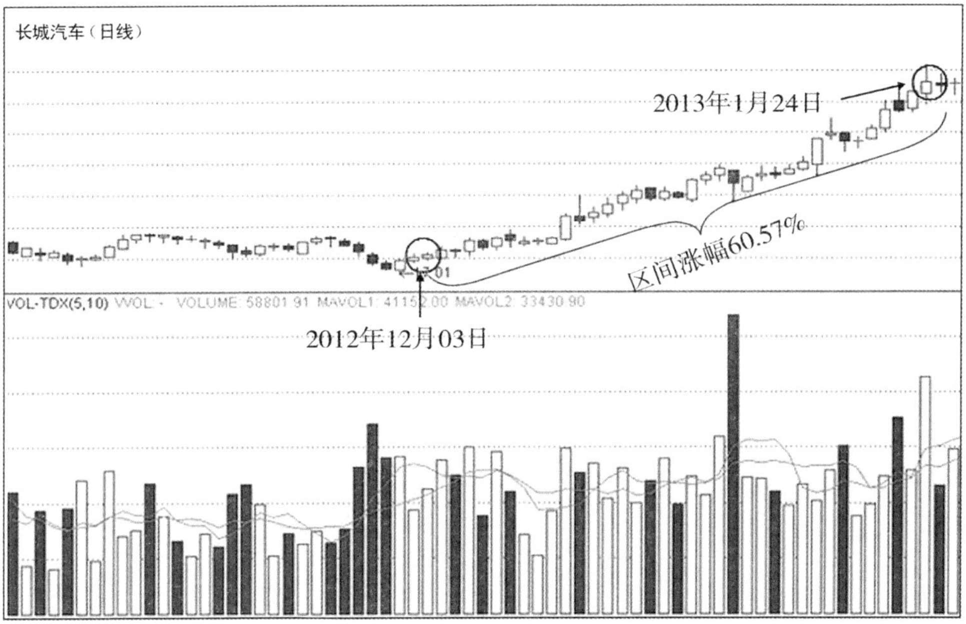

图 5-7 长诚汽车（601633） 日线图

烈震荡的A股市场磨炼过，不然大白天被她吓死。

后来她加了我微信，经常在盘中会问我买了什么股，如何分析大盘等，下班后也经常找我请教问题,在我不忙的情况下都如实回答。据说在近一年里，她的收益远比当初买基金，买各种理财“宝贝”强十倍。

（五）职业股民服输于价值趋势

那是2011年2月，在某个社交场合巧遇上一位职业股民李先生，在认识笔者之前读过20多本关于股票方面的书籍，也拜访过不少名师。整天像只勤奋小蜜蜂一样，买卖个不停。尽管这样一年下来收益也并不太理想，但讲起理论来犹如滔滔江水连绵不断。像这种理论一大堆，实操能力一般的股民笔者见多了，其心高气傲姿态谁的话都听不进去，心想就没有必要去和他太多的交流，让他自己折腾去吧。反过来他问我持的什么股，笔者同期有持仓三爱富（600636），同样，也如实告诉他了。

两个月后的一天，大概就是 2011 年的 4 月份初，意外的是这位李先生竟然专程登门求教来了。他当时原话是："黄老师，之前我认为这辈子炒股谁也不服，但今天我信服您；您说的股票涨得非常不错，两个月的时间都已涨 1.5 倍多了，我今天非拜您为师不可了。"

在投资生涯中往往就是如此，最不起眼的事情，往往最有分量，其实当时该股涨势并不强势，在整个上升途中很少出现大阳线，但奇迹就这样发生了，两个月内股价上涨 1 .5 倍，见图 3-25，这就是价值趋势投资理念选出来的股票，不管你信不信，真实的故事正在每一天上演。

（六）误解理念错过上涨 3 倍的大牛股

这是一位来自（某）实业公司的吉总经理，故事发生在 2013 年春节过后的 2 月份。也是通过一次投资交流会上认识他，交流中对方要求给只股票看看，于是我就给他说了环旭电子（601231），当时股价在 10 元左右，对方买了一部分仓位。持股一星期左右股价并没有多大涨幅，于是对方约了个地方想咨询下我对该股的分析，同时还带上了他身边几位朋友，都算是在各行业的成功人士，其中还有一位来自私募公司。

当笔者谈起本人的价值趋势投资理念时，他们都误认为是价值投资，马上联想到持股时间长的缺点，原来他们那伙人都是技术派，"谈值色变"是 A 股市场的通病，也就不奇怪了。特别是那帮小有成就的中年人，只会信服对方的资金实力，别人的观点是很难听得进去。当时我也不想过多地和他们去辩解，道不同，不相为谋。因为真理掌握在少数人手中，还是老方法以股价来证明一切。当时给了他们几只股票作为参考：大族激光（002008）、史丹利（002588），还有就是之前给吉总的环旭电子（601231）。

如今（2014 年 7 月）时间过去一年半，期间涨幅最小的都有一倍，涨幅最大的是吉总买的环旭电子（601231），可疑惑的是当涨幅超 10 个点后他把股票卖了，截止到 2014 年 7 月该股涨至最高价 34.48 元，一年半时间上涨 3 倍多见下图 5-8。

图 5-8　环旭电子（601231）　周线图

吉总这次本来买得就不多，但又没有耐心持股，这下可是深入宝山空手而归呀！因为环旭电子当时涨势并不起眼，涨两天退一天，有时还会跌几天但总体回撤不会太深。他后来跟我说：“看到同期有涨得更快的股票，这种股很一般没有持有的价值，卖了后追其他股去了。”

短期内暴发性牛股任何一个投资者都想要，但有几次能抓得那么准呢？就算是偶尔有机会逮到一只，所用仓位也是有限，但是该股就可以重仓持有。在这一年来，他账户上的资产有没有翻3倍，只有他自己心里才清楚，在我看来一年半时间能上涨3倍的股票在A股市场上不多了，任何一个投资者都值得持有。另外两只股票，当时在场的有位李总对其公司基本面也有所了解，据说有朋友在其中的一家公司上班，反映该公司业绩一般，对未来一段时间并不看好。但事实上股价在这一年来就是翻倍了，结果证明了一切，价值趋势并不等于价值投资。在后来的联系中，得知他们当中有人已伤心地离开了股市。这就对了，专业的事情还是交给专业的人去做，在实业上做得风生水起，并代表投资股市也能成功。前言中讲过，一个成功的企业家不一定就是一个成功的投资者，这就是真实的例子。

（七）价值趋势 PK 内幕信息

银行作为金融业的核心环节，在职工作人员所了解的信息自然就多。笔者在这些年的投资生涯中也不乏跟银行打交道，也发生过很多有趣的故事。笔者认为最值得讲的事就是内幕信息。

有一次，笔者预约去某银行营业厅办事，接待笔者的叫李经理，当对方得知笔者是位基金经理时，开始谈论起对股票市场的看法与观点。让我记忆最深的是他说："他能提前得知某公司重组信息，某公司有什么政府补助款、哪些机构和他很熟、有什么利好之类的内容，也就是他所谓的内幕信息。"

笔者也没太多心情去听他的谬论，于是办完事就急于离开，就在将要离开时，对方话锋一转问道，能否说说您是如何选股的呀？笔者答："本人有自己的投资理念，对于您所谓的内幕信息不太感兴趣，能这么多年来的稳定盈利，是因为一直坚持价值趋势投资理念，没有理由去选择别的途径了。”对方用怀疑的眼光看着我说道：“那就用你的方法选一股票来看下，能不能比我内幕信息来得准确。”笔者当时心想人生何处不 PK，还怕你一个听小道信息的人不成？于是答道：“我不但可以告诉你哪只股票最近能涨，并且还可以告诉你目标价能涨到多少钱。”

于是我们俩各出一只股票，对方说：“中国宝安（000009），这只票是一个机构带着做的，他说目标价在一年内能到 50 元（当时价格在 10 元左右），跟这个机构买错不了。”我给出的票是复兴医药（600196），当时价格是 11.5 元左右，我当时说半年左右目标价能到 25 元（那时 2013 年 8 月中下旬）。

几个月后，也就是 2014 年 3 月初，我在下班的途中，那位经理来电话了，对方说：“黄先生你赢了，I 服了 you!（网络语）你的复兴医药（见图 5–9），现在价格到 24.4 元了，股价已翻倍兑现你当时观点了，我的中国宝安这半年来一直没涨呀，现在价格还是当初见你那时一样，还有一段时间往下掉，看来小道信息有时不可靠，幸好后面我也跟着买了些复兴医药补回了点损失，不然这回可惨了。”

两只股票对比可知，复员医药成长性非常不错；而中国宝安是房地产股，虽然有石墨烯概念，但短期内不会给公司带来太多的想象空间，股价也就表现一般了。这里并不是说中国宝安以后再也不涨了，也许以后又有新的题材重新引暴行情，但与此同期股价就不如复兴医药。听小道信息的投资者都这样，人话不听听“鬼”话，只有吃了亏才能长记性，或许有时能蒙对一只牛股，但也只是个小概率。一旦错了后果非常严重，到时上“同仁堂”也买不到“后

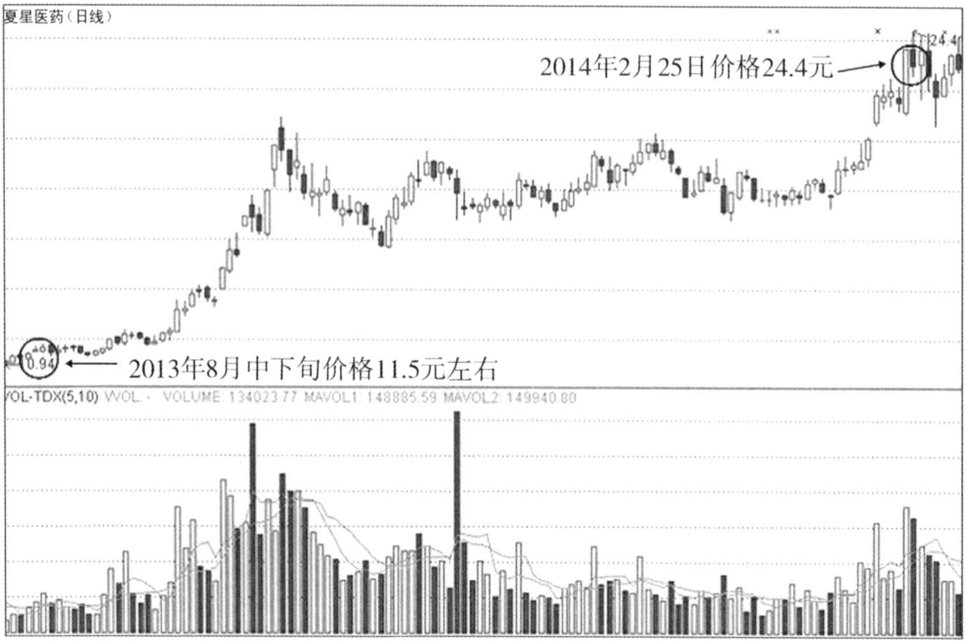

图 5-9　复兴医药（600196）　日线图

悔药”。重组信息是成功或失败也不一定，但一般都是信息公布当天开市就停牌，二级市场投资者能抢到筹码的机会不多，机构持仓的个股不会那么轻易往外透露，天上掉馅饼的事少信为好。

（八）价值趋势 PK 炒股软件

当投资者去证券公司营业厅开户后，用不了几天就会有陌生的推销电话打进来，都是一些卖炒股软件、所谓的操盘室之类的电话，相信很多投资者都接到过类似电话吧。笔者刚入市时也被炒股软件给忽悠过，前面章节中也有提到过此事，这里讲一个发生 2014 年的有趣故事吧。

那是 2014 年 7 月 7 日的早上，突然有个上海的长途电话打进来，接听后才知对方是做炒股软件公司的销售人员。因为这个炒股软件品牌存续时间还算久，有些老股民应都听过，公司名字这里就不便说了，也有试用版，笔者曾经有下载研究过，认为没有多大用处，所以没有购买，这通电话也算是对方公司的回访，出于礼貌就和这位推销人员交谈了几句。

当被问到为何不买他们的软件时，笔者就对该软件各种缺陷讲了出来，对方很不高兴地说："你不用软件，那你用什么方法来选股票呀。"笔者答："我用自己所创的价值趋势投资理念，已经做到稳定盈利，的确不需要其他选股工具了。"对方也听不懂什么叫价值趋势，于是挑战性的语气说"我用软件选一只股票，你用你的方法选一只股票，一个月后看谁的股涨得更多，双方比试下"，于是双方就这么定了。

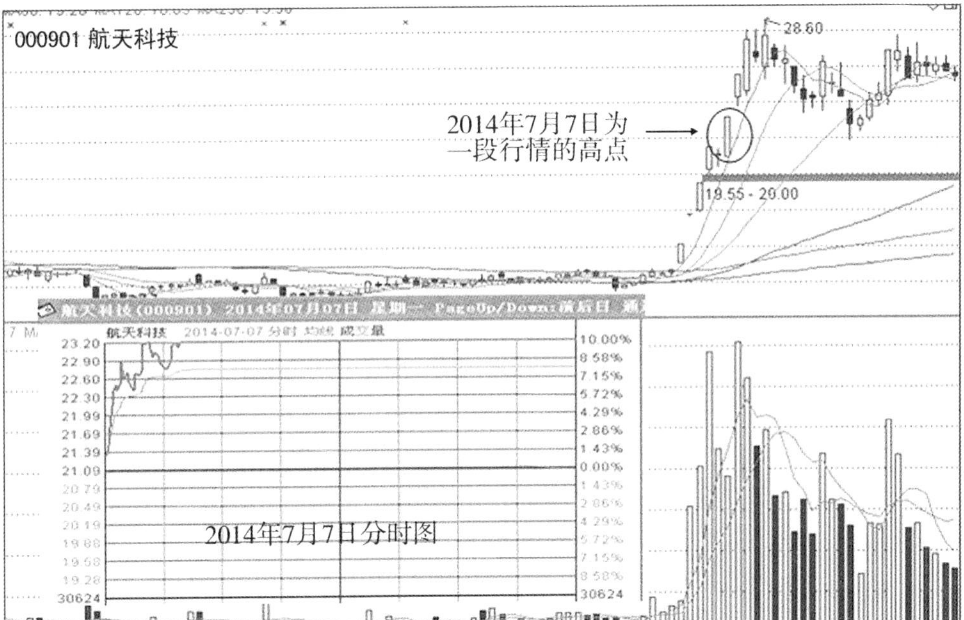

图 5-10　航天科技（000901）　日线图

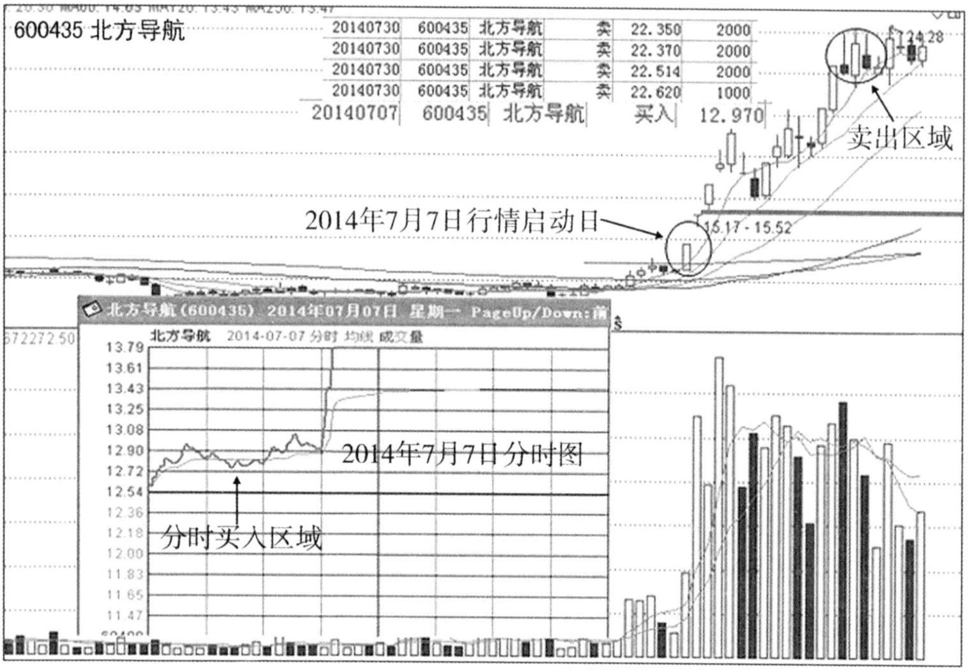

图 5-11 北方导航（600435） 日线图

对方根据他们的软件，用数据选的股票是航天科技（000901），当天分时图实时行情显示股价涨幅已达 7 %, 离涨停仅差 3 个点见下图 5-10，相信大多数投资者不敢在此时贸然跟进。笔者选的股是北方导航（600435），此时股价涨幅不到 2% 见下图 5-11，这种情况就可以大胆的跟进了，笔者也买入一些仓位，图中的交单正是笔者的成交单。航天科技当天在 10 点 04 分涨停，而北方导航也在 11 时相继涨停。

从当天分时图中可以看出，虽然两只股票均为涨停，但是买入航天科技没有机会，而 7 月 7 日当天股价已到了本轮行情的顶部区域，投资者如果此时追高买入风险极高，但从炒股软件上来看，各项指标此时都提示买入信号，但不会预先提示卖出信号，只有股价反转后才会提示卖出；而北方导航当天正是行情的启动点，买入的机会就多了，如果从软件上来看，在没有涨停之前各项指标没有买入信号提示，因为软件会滞后性，所以这就是软件最致命的缺陷，只有行情走出来后才提示，都是事后“诸葛亮”。而价值趋势投资理念以基本面为依托，结合技术图形可以从盘口语言判断行情是否启动，能预估出行情的顶部价格，可以买在起涨点，卖在相对的高点，任何软件是不可能做到这点，因为软件是根据收盘价来做的技术指标，没有基本面分析功能。在这一个月时间周期内，当然是笔者选的股票赢了她的用软件选出来的股票。

（九）价值趋势逃顶记

书中趋势篇第八章节讲到过如何逃顶和抄底，顶部的特征和逃顶的重要性，无论是2007年10月16日A股历史上的大顶6124点，还是2009年8月4日3478次高点，以及2010年11月11日3186.72点顶部，2015年6月的股灾，当顶部到来之前笔者都顺利出逃。这充分地体现了价值趋势投资理念对上证指数逃顶的有效性，书中的无数案例也证明了个股逃顶的准确性。

作为一名证券分析师经常会有投资者咨询个股相关的问题，如果对方持仓是一只好股，告诉对方这只股能赚大钱，对方一定很高兴；如果对方持有的股票非常糟糕，告诉对方将来会大跌，对方脸色会非常难看。这里讲一个发生在笔者身边关于个股逃顶的有趣故事吧，分析师上台做节目时都有现场嘉宾提问这一环节，在2013年7月份一天，笔者应邀出席一家券商举办的投资报告会作为主讲嘉宾，到了个股解盘这一环节台下有位股民提问，对方问道，他持仓的联创节能（300343）后市如何走，因笔者在一月份就把该股的持仓全部卖出，所以毫无隐瞒地告诉这位投资者，该股正处于阶段性顶部接下来会大跌，并且会一路熊途好长一段时间，这位投资者听了这话心中非常不愉快。

第二天，也就2013年7月5日该股跳空低开，截止到收盘股价并未收到前一日收盘线之上，接下来的两个交易日连续跌停，该股从7月5日到9月10日股价跌幅37.24%，见图5-12，这位股民不但没有把笔者的观点听进去把股票给卖了，反而跟笔者助理说我是个“乌鸦嘴”把他的股票给说跌了，真让人无语……一只股票的涨跌不是笔者一句话就能说成，如我有这么神通广大早发大财了，前面章节里讲过，短期而言股票的涨跌是买卖双方力量所决定，长期来讲是该股自身的价值与价格所决定。

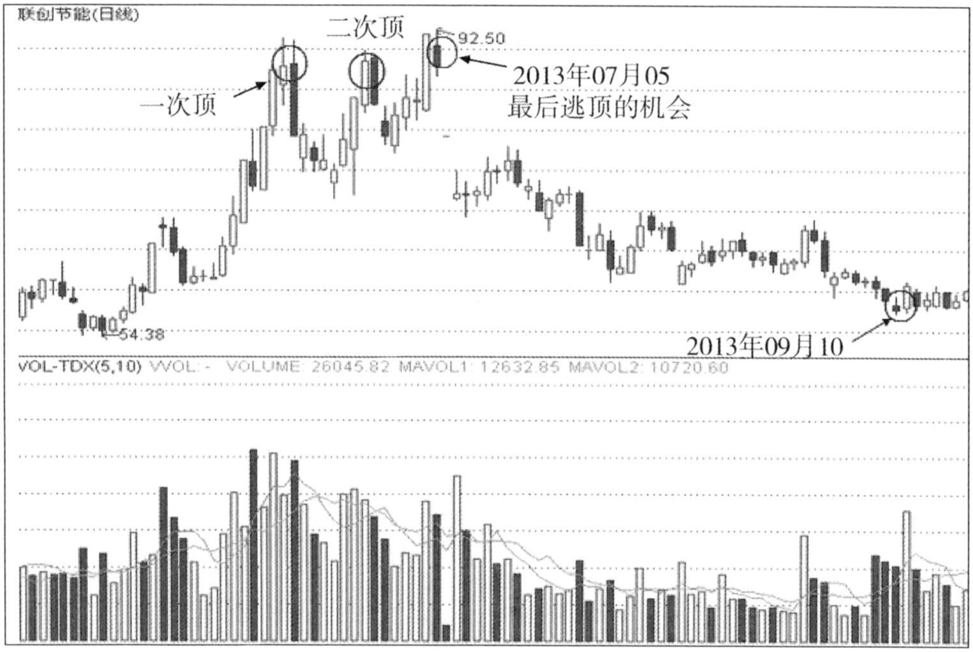

图5-12　联创节能（600343）　日线图

从图中可以看出，在此之前日线上已出现过两次逃顶的机会，7月5日是最后逃命的机会，至于出现股价连续两日跌停在笔者的预料之外。当一只股票价格严重高于其内在价值时，股价会用直接下跌的方式来寻找其内在价值这才是必然，所以笔者果断地告诉了这位投资者，该股接下来会下跌，而且会跌好

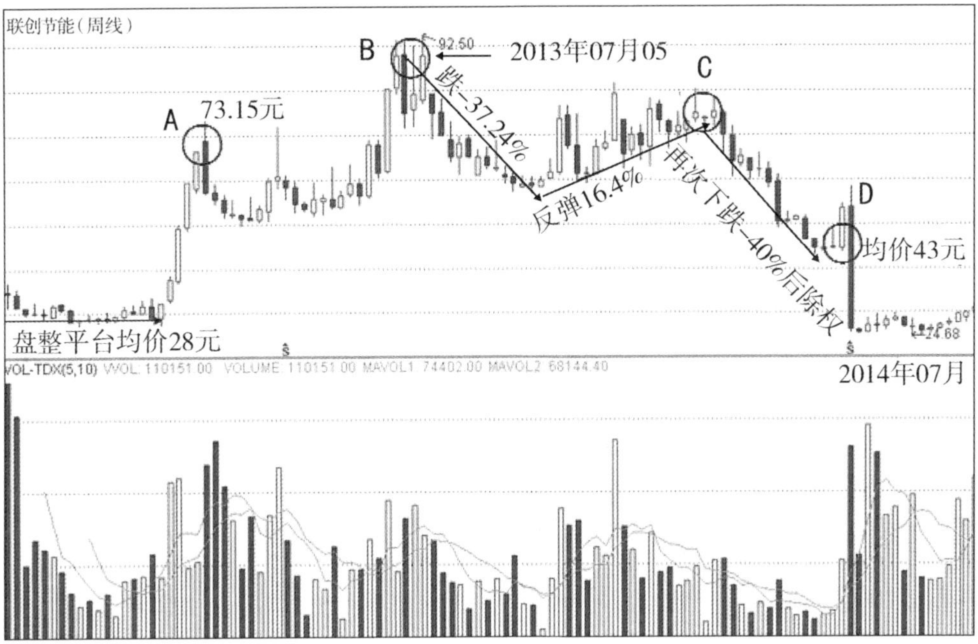

图 5-13 联创节能（600343） 周线图

长一段时间，后面的股价的走势验证了笔者这一观点，见图 5-13 周线图。

图中以 B 点为界，右半部份图形是那位投资者提问之后才走出来，笔者当初只是凭借 B 点左部分图形来判断。股价从前期盘整平台 28 元到 A 点第一高位 73.15 元涨幅达 160%，调整后再次上涨至 B 点最高价 92.5 元涨幅已 3 倍之多。此时股价已严重虚高，无论是从笔者的量价时空逃顶法，还是价值趋势估值法的角度来分析都是逃顶的时期，还有什么好犹豫的呢？接下来两个月时间跌幅 37.24% 之后有所反弹，但这也是主力最后的出货时期，反弹后再次下跌 40% 除权出货，从那位投资者提问当天到该股止跌企稳后跌幅超 70% 以上，下跌时间为一年左右。后来才得知这位投资者在此之前听信了某位“专家”的观点称：“这就是 A 股市场上的黑马，不但业绩好，而且上涨空间已打开，这辈子买股票就买这只股了……等等对该股一些好评。”也许该股以后会引入新的炒作题材，又有新的投资机会，但至少这位投资者所介入时机不对，正处于一波上涨行情的顶部。

没有一只永远上涨的股票，也没有一只永远下跌的股票，只是相对于某一时间周期而言。另外，只要发现介入时机不对，严格地执行了止损也不至于造成严重的亏损，时间不会倒退，行情也不会重来，投资理念决定了你的财富。

本篇小结

笔者帮助过不少投资者，比如前面谈到的私人企业主、民营企业家、退休老年人、都市白领、金融业同行、职业股民等各行各业人士，都帮助他们实现了投资盈利，树立了正确的投资理念，每当看到他们成功的喜悦都倍感欣慰。在故事发生时笔者并没有写作，仅凭投资笔记和对他们的辅导就走向了成功，为了能够帮助到更多的投资者，于是笔者将这些资料认真整理，每一个理论都经过市场反复验证，一个个真实案例的积累，前后历经近 3 年时间才完成本书著作。

佛渡有缘人，不是任何一个投资者认识笔者后都这么幸运，都能做到投资成功。其实成功的路上并不拥挤，只是能坚持付出的人越来越少，如果没有锲而不舍的学习精神，谦虚谨慎的学习态度、购书费都不愿意投资的人，更不可能用心去学习，所以也就不必拥有此书了，以免造成资源浪费，要把有限的资源用到有需要的人身上。从环保角度上来讲，印刷一本书所耗资源需一棵大树，更何况本书还凝集了作者的心血呢？

CHINESE CHARACTERISTICS INVESTORS WITH

后　　记

中国特色投资者

后记

读万卷书不如行万里路，行万里路不如跟着成功人士的脚步。而成功只是相对并不是绝对，身边的每个人都可以说是成功人士，有人做生意发了财算是一种成功，有人在官场上步步高升获得了成功；在科研道路上取得某项科研成果也是一种成功，在各个领域所取得的成绩都是一成功。

在笔者著述本书时也曾遭到些冷言冷语，因为笔者并不是名人，更不是财富明星。而资本市场是用财富的多少来衡量是否成功。但笔者并不完全认同这一观点，当一个投资者在拥有大量财富之前，可能早已成功，这种成功并不是财富的多少，而是具备了一套稳定获利的投资理念，此时的资产并不出众。如果用资产来证明是否成功的话，那么你就失去了与未来的财富明星共同成长的机会，当对方的财富足够征服你的怀疑心态时，你还得从头开始。

比如，当“股神”巴菲特拥有了一套成功的投资理念，并且正在用这套理念悄悄转化为财富时，他的名字在华尔街并没有多少人知晓，当随着时间的推移，10 年、20 年……财富的日积月累，最终成了公认的股神；比尔·盖茨的成功也是先有了安装在电脑里的 MS-DOS、和现在的 WINDOWS 操作系统之后才有了世界首富之冠。总之，要想实现财富梦都得先拥有一套稳定盈利的赚钱工具，或者说一套成功的商业模式，都是先有知识后有财富。笔者认为，本人所创价值趋势投资理念，和价值趋势逃顶抄底估值法，能战胜牛市、熊市，做到长期稳定盈利，也算是一种成功；也许这套投资理念会在未来的某些年，成为A股市场上公认的投资理念，最终也会实现财富梦想。笔者衷心地希望与读者朋友一起成长，共同走向成功的舞台。

笔者是用未来的市场眼光去做投资，并不是用赌博的心态去投机，本书中所讲的投资理念和一些方法相对机构投资者，和私募基金非常有帮助，将会是正确心态投资者的良师益友。对于把股市当“银行提款机”的少数分子，可能领悟不到其中的奥妙。

笔者对投资股市方面还算是有一定的研究，但写作并不是强项，本书只是把自己的投资理念和看盘方法描述出来而已，就当是一本经过整理的高端“投资笔记”吧，但书中的理论都经过了实践考验，所举案例都是笔者亲身经历的交易。因考虑因素不同书中的数学计算举例，难免有些误差，文笔上也难免会有一些出错，语句表达不通顺之处，希望各位读者朋友多多指出并给予纠正，将不胜感激。

笔者联系方式：

QQ / 微信 1275059080

新浪微博 @常林 eden